Histoires Courtes en Slovènes

Apprendre l'Slovènes facilement en lisant des histoires courtes

Marko Krajnc

Contenu

Introduction

Lire dans une langue étrangère est l'un des moyens les plus efficaces d'améliorer ses compétences linguistiques et d'enrichir son vocabulaire. Cependant, il est parfois difficile de trouver des supports de lecture attrayants, d'un niveau approprié, qui procurent un sentiment de réussite et de progrès. La plupart des livres et articles écrits pour des locuteurs natifs peuvent être trop longs et difficiles à comprendre ou contenir un vocabulaire de très haut niveau, de sorte que vous vous sentez dépassé et abandonnez. Si ces problèmes vous sont familiers, alors ce livre est pour vous !

Histoires Courtes en Slovènes est une collection de 25 histoires courtes non conventionnelles et divertissantes qui sont conçues pour aider les apprenants de niveau débutant à intermédiaire Slovènes à améliorer leurs compétences linguistiques.

Ces histoires courtes créent un environnement propice à la lecture en incluant ;

- Un contenu linguistique riche dans différents genres pour vous divertir et vous exposer à une variété de formes de mots.
- Des histoires plus courtes en chapitres pour vous donner la satisfaction de terminer des histoires et de progresser rapidement.
- Des textes écrits à votre niveau afin qu'ils soient plus facilement compréhensibles et ne vous dépassent pas.
- Traduction française sur des pages alternées afin que vous puissiez vous y référer directement ligne par ligne tout en lisant l'histoire Slovènes.
- Le vocabulaire clé est imprimé en gras tout au long

de l'histoire et de la traduction pour vous aider à comprendre plus facilement les mots qui ne vous sont pas familiers.
- Des questions de compréhension pour tester votre compréhension des événements clés et vous encourager à lire plus en détail.

Que vous souhaitiez enrichir votre vocabulaire, améliorer votre compréhension ou simplement lire pour le plaisir, ce livre est le plus grand pas en avant que vous ferez dans vos études cette année. Histoires Courtes en Slovènes vous apportera tout le soutien dont vous avez besoin, alors asseyez-vous, détendez-vous et laissez libre cours à votre imagination en vous laissant transporter dans un monde magique d'aventures, de mystères et d'intrigues - en Slovènes!

Comment utiliser ce livre

La lecture est un talent difficile à maîtriser. Nous utilisons toute une série de micro-compétences pour nous aider à lire dans notre langue maternelle. Par exemple, nous pouvons parcourir un passage pour en comprendre le sens, ou l'essentiel. Nous pouvons aussi passer au peigne fin les nombreuses pages d'un horaire de train à la recherche d'une heure ou d'un lieu précis. Si ces micro-compétences sont une seconde nature lorsque nous lisons dans notre langue maternelle, les recherches révèlent que nous en oublions souvent la plupart lorsque nous lisons dans une langue étrangère. Lorsque nous apprenons une langue étrangère, nous commençons généralement par le début d'un texte et le parcourons en essayant de comprendre chaque mot. Inévitablement, nous rencontrons des termes peu familiers ou complexes et nous sommes gênés par notre incapacité à les comprendre.

L'un des principaux avantages de la lecture dans une langue étrangère est que vous êtes exposé à un grand nombre de phrases et d'expressions utilisées dans des situations quotidiennes. La lecture extensive est un terme utilisé pour décrire la lecture pour le plaisir dans le but d'apprendre une langue. En d'autres termes, la lecture approfondie de manuels scolaires aide généralement à l'apprentissage des règles de grammaire et d'un vocabulaire particulier, mais la lecture extensive d'histoires aide à l'apprentissage du langage naturel.

Histoires Courtes en Slovènes vous donnera l'occasion d'en apprendre davantage sur la langue naturelle Slovènes en usage, même si vous avez peut-être commencé votre voyage d'apprentissage des langues

uniquement avec des manuels. Voici quelques conseils à garder à l'esprit lorsque vous lirez les histoires de ce livre pour en tirer le meilleur parti : Lorsqu'il s'agit de lire, le plaisir et le sentiment d'accomplissement sont essentiels. Vous en redemandez parce que vous aimez ce que vous lisez. Lire chaque histoire du début à la fin est la meilleure méthode pour prendre plaisir à lire des histoires et se sentir accompli. Par conséquent, la chose la plus cruciale est d'arriver à la fin d'une histoire. C'est en fait plus important que de connaître chaque mot.

Plus vous lisez, plus vous acquerrez de connaissances. Vous aurez rapidement une connaissance du fonctionnement de la Slovènes si vous lisez de gros livres pour le plaisir. Cependant, gardez à l'esprit que pour tirer tous les bénéfices d'une lecture extensive, vous devez d'abord lire un volume suffisamment important. Lire quelques pages ici et là peut vous apprendre quelques nouveaux mots, mais cela ne fera pas une différence significative dans votre niveau global de Slovènes.

Acceptez le fait que vous ne comprendrez pas tout ce que vous lisez dans un roman. C'est, sans aucun doute, le point le plus crucial ! N'oubliez jamais que le fait de ne pas comprendre tous les mots ou toutes les phrases est tout à fait acceptable. Cela ne signifie pas que vos compétences linguistiques sont insuffisantes ou que vos résultats sont médiocres. Cela indique que vous participez activement au processus d'apprentissage.

Guide de lecture

Afin de tirer le meilleur parti de la lecture d'Histoires Courtes en Slovènes, il est préférable que vous suiviez ce processus de lecture simple en six étapes pour chaque chapitre des histoires :

1. Lisez le titre du chapitre. Réfléchissez à ce que pourrait être le sujet de l'histoire. Puis lisez l'histoire jusqu'au bout. Votre objectif est simplement d'atteindre la fin de l'histoire. Par conséquent, ne vous arrêtez pas pour chercher des mots et ne vous inquiétez pas s'il y a des choses que vous ne comprenez pas. Essayez simplement de suivre l'intrigue.

2. Lorsque vous arrivez à la fin de l'histoire, parcourez la traduction française pour voir si vous avez compris ce qui s'est passé et reprenez tout contexte qui vous aurait échappé.

3. Revenez en arrière et relisez la même histoire. Si vous le souhaitez, vous pouvez vous concentrer davantage sur les détails de l'histoire qu'auparavant, mais sinon, lisez-la simplement une fois de plus.

4. Ensuite, répondez aux questions de compréhension en Slovènes pour vérifier votre compréhension des événements clés de l'histoire. Si vous ne comprenez pas entièrement les questions, ne vous inquiétez pas. Utilisez vos connaissances pour répondre du mieux que vous pouvez.

5. A ce stade, vous devriez avoir une certaine compréhension des principaux événements du chapitre. Si ce n'est pas le cas, vous pouvez relire le chapitre

plusieurs fois en utilisant la traduction pour vérifier les mots et les phrases inconnus jusqu'à ce que vous vous sentiez en confiance.

Une fois que vous êtes prêt et sûr d'avoir compris ce qui s'est passé - que ce soit après une ou plusieurs lectures de l'histoire - passez à l'histoire suivante et continuez à apprécier l'histoire à votre propre rythme, comme vous le feriez pour n'importe quel autre livre.

Ce n'est qu'une fois que vous avez terminé une histoire dans son intégralité que vous pouvez envisager de revenir en arrière et d'étudier le langage de l'histoire plus en profondeur si vous le souhaitez. Au lieu de vous inquiéter de tout comprendre, prenez le temps de vous concentrer sur ce que vous avez compris et de vous féliciter pour tout ce que vous avez fait.

Histoires Courtes
en Slovènes

Ljubljana

Zbudil sem se ob zvokih ptic, ki so žvrgolele pred mojim **oknom**. Sonce je pravkar pokukalo čez obzorje in po nebu odelo rožnato in oranžno svetlobo. Leno sem vstal iz postelje, iztegnil roke nad **glavo in se odpravil po** stopnicah navzdol. Ko sem stopila v kuhinjo, me je pozdravil vonj sveže kave. Mož se mi je nasmehnil, ko mi je prinesel skodelico vroče kave. Skupaj sva se usedla za mizo in uživala v mirnem trenutku pred začetkom dneva. Ko sva popila **kavo,** sva se odločila, da se bova sprehodila po mestu. Bilo je še zgodaj, zato večina trgovin še ni bila odprta, vendar naju to ni motilo. Sprehajali smo se po ulicah s čudovitimi starimi stavbami, dokler nismo prispeli na Prešernov trg, enega naših **najljubših** krajev v Ljubljani.

Čeprav tu živimo že skoraj **leto dni, se** nikoli ne naveličamo občudovati razgleda s tega trga; nikoli nam ne vzame diha! Ko smo nekaj časa opazovali ljudi in se predajali **sončnim žarkom,** smo se odpravili domov na zajtrk. Po zajtrku smo se odločili, da raziščemo bližnje soseske. Sprehodili smo se po ulicah z drevesi in naleteli na prikupno majhno kavarno, ki je prej nismo opazili. Šla sva noter in naročila nekaj kav s seboj. Medtem ko sva srkala pijačo, sva se pogovarjala o različnih **krajih v** Ljubljani, **ki bi jih** rada obiskala v

Ljubljana

Je me suis réveillé au son des oiseaux qui gazouillaient derrière ma **fenêtre**. Le soleil commençait tout juste à dépasser l'horizon, projetant une lueur rose et orange dans le ciel. Je suis sortie du lit paresseusement, j'ai étiré mes bras au-dessus de ma **tête** et je suis descendue. En entrant dans la cuisine, j'ai été accueillie par l'odeur du café frais. Mon mari m'a souri en me tendant une tasse de café fumant. Nous nous sommes assis à la table ensemble et avons profité d'un moment de calme avant de commencer notre journée. Après avoir terminé notre **café**, nous avons décidé de faire une promenade en ville. Il était encore tôt, donc la plupart des magasins n'étaient pas encore ouverts, mais cela ne nous dérangeait pas. Nous avons erré dans des rues bordées de beaux bâtiments anciens jusqu'à ce que nous arrivions à la place Preern, l'un de nos endroits **préférés** à Ljubljana.

Même si nous vivons ici depuis presque un **an** maintenant, nous ne nous lassons jamais d'admirer la vue depuis cette place ; elle ne manque jamais de nous couper le souffle ! Après avoir passé un peu de temps à regarder les gens et à profiter du **soleil**, nous sommes rentrés à la maison pour le petit-déjeuner. Après le petit-déjeuner, nous avons décidé d'aller explorer certains

naslednjih nekaj mesecih. Tu je vedno nekaj novega, kar si lahko ogledamo ali počnemo! Ko sva spili kavo, sva nadaljevali pot domov po nekoliko drugačni poti, da sva lahko raziskali še več tega **čudovitega** mesta. Domov smo prispeli ravno pravočasno za kosilo in uživali še en miren trenutek skupaj, preden smo se vrnili k delu na svojih projektih.

Preostanek popoldneva je minil hitro in kmalu je bil čas za **večerjo**. Za večerjo smo se odločili, da si privoščimo eno od naših najljubših restavracij v mestu - Gostilno As, ki je znana po odlični slovenski **kuhinji**. Začeli smo s tradicionalnimi predjedmi, kot so truklji (zviti cmoki, polnjeni s **skuto)** in potica (vrsta orehove rulade). Za glavno jed je mož naročil piščanca na žaru, jaz pa pečeno jagnjetino s krompirjem in zelenjavo - obe jedi sta bili naravnost fantastični!

des quartiers voisins. Nous nous sommes promenés dans des rues bordées d'arbres et sommes tombés sur un joli petit café que nous n'avions jamais remarqué auparavant. Nous sommes entrés et avons commandé deux cafés à emporter. En sirotant nos boissons, nous avons discuté des différents **endroits que** nous aimerions visiter à Ljubljana au cours des prochains mois. Il y a toujours quelque chose de nouveau à voir ou à faire ici ! Après avoir terminé notre café, nous avons continué notre chemin vers la maison, en prenant une route légèrement différente afin de pouvoir explorer encore plus cette **belle** ville. Nous sommes arrivés à la maison juste à temps pour le déjeuner et avons profité d'un autre moment de calme ensemble avant de nous remettre au travail sur nos projets respectifs.

Le reste de l'après-midi a filé à toute allure et il était bientôt l'heure de **dîner**. Pour le dîner, nous avons décidé de nous offrir l'un de nos restaurants préférés en ville - Gostilna As - qui est connu pour sa délicieuse **cuisine** slovène. Nous avons commencé par des amuse-gueules traditionnels comme les truklji (boulettes roulées remplies de **fromage** blanc) et les potica (une sorte de rouleau aux noix). Pour notre plat principal, mon mari a commandé du poulet grillé tandis que j'ai opté pour de l'agneau rôti avec des pommes de terre et des légumes - les deux plats étaient absolument fantastiques !

Vprašanja za razumevanje

1. Ob katerem zvoku se je protagonist zbudil?

2. Kakšno je bilo vreme zunaj?

3. Kaj sta protagonistka in mož počela, ko sta popila kavo?

4. Kaj je Preern Square?

5. Kako dolgo protagonistka in mož živita v Ljubljani?

6. Kaj sta protagonistka in mož počela, ko sta raziskala bližnje soseske?

7. Kaj je bilo za večerjo?

8. Po čem je znana družba Gostilna As?

9. Kaj je glavni junak počel po večerji?

10. Kaj protagonist meni o Ljubljani?

Questions de compréhension

1. À quel bruit le protagoniste s'est-il réveillé ?

2. Quel temps faisait-il dehors ?

3. Qu'ont fait la protagoniste et son mari après avoir fini leur café ?

4. Qu'est-ce que la place Preern ?

5. Depuis combien de temps la protagoniste et son mari vivent-ils à Ljubljana ?

6. Qu'ont fait la protagoniste et son mari après avoir exploré les quartiers voisins ?

7. Qu'y avait-il pour le dîner ?

8. Pour quoi Gostilna As est-elle connue ?

9. Qu'a fait le protagoniste après le dîner ?

10. Que pense le protagoniste de Ljubljana ?

Kobilarna Lipica

Kobilarna Lipica je priznana konjerejska kmetija v Sloveniji, ki deluje že več kot 400 let. Na **kmetiji živijo** nekateri najlepši in najredkejši konji na svetu, prav tu pa naj bi se prvič razvila tudi lipicanska pasma. Obiskovalci kmetije si lahko ogledajo hleve, spoznajo konje in se celo udeležijo tečajev jahanja. Vendar se zdi, da eden od konj vedno pritegne pozornost vseh: osupljiv beli žrebec z imenom Pegaz. Pegaz se je v Kobilarni Lipica rodil pred nekaj več kot dvema letoma in hitro postal ljubljenec **obiskovalcev** in osebja. Ima neverjetno nežno naravo, vendar je tudi igriv in nagajiv, kar navdušuje vse, ki ga spoznajo. Nekega poletnega dne se je Pegaz z nekaterimi svojimi konjskimi **prijatelji odpravil na potep** po kmetiji.

Galopirali so po poljih divjih cvetlic, skakali čez ograje in se na splošno čudovito zabavali ob raziskovanju vsakega **kotička** posestva. Sčasoma so se spustili do reke, ki je tekla skozi kmetijske površine. Pegaz in njegovi prijatelji so se čofotali v reki in se hladili od svojih dogodivščin. Tako so se zabavali, da niso opazili nevihte, ki se je zgrinjala nad njimi. Nenadoma se je zasvetila strela in zagrmelo je, kar je konje spravilo v paniko. V vsej tej **zmedi** se je Pegaz ločil od prijateljev in pristal na drugi strani reke. Poskušal se je vrniti na

Haras de Lipica

Le haras de Lipica est un élevage de **chevaux** renommé en Slovénie, en activité depuis plus de 400 ans. La **ferme** abrite certains des chevaux les plus beaux et les plus rares du monde, et on dit que la race Lipizzan a été développée ici. Les visiteurs de la ferme peuvent visiter les écuries, rencontrer les chevaux et même prendre des leçons d'équitation. Mais il y a un cheval qui semble toujours capter l'attention de tous : un superbe étalon blanc nommé Pegasus. Pegasus est né au haras de Lipica il y a un peu plus de deux ans, et il est rapidement devenu le favori des **visiteurs** et du personnel. Il est d'une nature incroyablement douce, mais aussi enjouée et espiègle, ce qui le rend attachant pour tous ceux qui le rencontrent. Un jour d'été, Pegasus s'est promené dans la ferme avec quelques-uns de ses **amis** équins.

Ils ont galopé à travers des champs de fleurs sauvages, sauté par-dessus des clôtures et se sont amusés à explorer tous les **coins** de la propriété. Ils finirent par atteindre une rivière qui traversait les terres agricoles. Pégase et ses amis pataugeaient dans la rivière, se rafraîchissant après leurs aventures. Ils s'amusaient tellement qu'ils n'ont pas remarqué l'orage qui se préparait au-dessus d'eux. Soudain, des éclairs

drugo stran, vendar je bil tok premočan, zato ga je odneslo po toku. Pogumno se je boril s tokom, vendar je na koncu izgubil **zavest,** ko ga je potegnilo pod **vodo**.

Pegaz se je zbudil in se znašel na **nenavadnem** kraju. Ležal je na postelji iz mehkih, belih oblakov, okoli njega pa so bili čudoviti **krilati** konji, ki so graciozno leteli po zraku. Eden od njih je pristopil k Pegazu in ga nežno pobožal z nosom. "Dobrodošel na Olimpu," je rekla. Čakali smo te. Pegaz ni vedel, kako naj se odzove. Še vedno je poskušal **predelati,** kaj se je dogajalo. Zadnje, česar se je spominjal, je bilo, da ga je rečni tok potegnil pod vodo. Zdaj pa je bil na nekem čarobnem kraju z letečimi konji! Konj, ki ga je pozdravil, mu je razložil, da je bil Pegaz izbran za enega od grških bogov. Rekla je, da je za Pegaza velika **čast, da** lahko leti in raziskuje svet kot še nikoli prej.

éclatent et le tonnerre gronde, semant la panique chez les chevaux. Dans toute cette **agitation,** Pégase est séparé de ses amis et se retrouve de l'autre côté de la rivière. Il tente de retraverser la rivière, mais le courant est trop fort et il est emporté en aval. Il s'est battu courageusement contre les courants, mais a fini par perdre **connaissance** en étant entraîné sous l'**eau.**

Pégase s'est réveillé dans un endroit **étrange.** Il était couché sur un lit de nuages blancs et doux, et tout autour de lui se trouvaient de magnifiques chevaux **ailés** volant gracieusement dans les airs. L'un d'entre eux s'approcha de Pégase et le caressa doucement du bout du nez. "Bienvenue sur le mont Olympe", dit-elle. Nous t'attendions. Pegasus ne savait pas quoi répondre. Il essayait encore de **comprendre** ce qui se passait. La dernière chose dont il se souvenait était d'avoir été entraîné sous l'eau par les courants de la rivière. Maintenant, il se trouvait dans une sorte d'endroit magique avec des chevaux volants ! Le cheval qui l'avait accueilli lui a expliqué que Pégase avait été choisi pour devenir l'une des montures des dieux grecs. Elle a dit que c'était un grand **honneur** pour Pégase de pouvoir voler et explorer le monde comme jamais auparavant.

Vprašanja za razumevanje

1. Kaj je Kobilarna Lipica?

2. Kaj je pasma lipicanec?

3. Kaj lahko obiskovalci počnejo v Kobilarni Lipica?

4. Kdo je Pegaz?

5. Kaj so nekega poletnega dne počeli Pegaz in njegovi prijatelji?

6. Kaj se je zgodilo, ko se je nad vami razbesnela nevihta?

7. Kje se je Pegaz zbudil, ko ga je potegnilo pod vodo?

8. Kdo je pozdravil Pegaza ob njegovem prihodu na Olimp?

9. Kaj je konj povedal Pegazu o njegovi novi vlogi?

10. Kako se je Pegaz odzval, ko je bil izbran za jezdeca grških bogov?

Questions de compréhension

1. Qu'est-ce que le haras de Lipica ?

2. Qu'est-ce que la race lipizzane ?

3. Que peuvent faire les visiteurs au haras de Lipica ?

4. Qui est Pegasus ?

5. Qu'ont fait Pégase et ses amis un jour d'été ?

6. Que s'est-il passé quand une tempête a éclaté au-dessus de nos têtes ?

7. Où Pégase s'est-il réveillé après avoir été entraîné sous l'eau ?

8. Qui a accueilli Pégase à son arrivée sur le mont Olympe ?

9. Qu'a dit le cheval à Pégase à propos de son nouveau rôle ?

10. Quelle a été la réaction de Pégase lorsqu'il a été choisi comme monture pour les dieux grecs ?

Soteska Vintgar

Sonce je zašlo za gore in zadnji žarki **svetlobe so** prodirali skozi drevesa ter na gozdna tla metali topel sij. Listje je postajalo rdeče in oranžno, zrak pa je bil svež in hladen. V Sloveniji je bila jesen in soteska Vintgar je bila eden **najlepših** krajev za njen ogled. Ves dan sem hodil po hribih in utrujen, a vesel sem se spuščal po poti proti soteski. Že prej sem videl njene slike, vendar me nič ni moglo pripraviti na njeno lepoto v živo. Ko sem se bližal, sem slišal, da je šumenje vode vse glasnejše in vztrajnejše. In potem se je pojavila pred mano: **globoko** brezno s stenami, ki so se vzpenjale v zelene skale; ob njenem dnu je svetlo modra reka penela čez skale, preden je izginila v **tunelih, ki jih** je izklesala stoletna erozija.

Nekaj časa sem stal tam in si vse ogledoval, nato pa sem se spustil navzdol, da bi si pobliže ogledal to naravno čudo. **Tla** okoli mene so bila vlažna zaradi nedavnih padavin, zato sem pazil, da mi ni zdrsnilo, ko sem hodil po ozkih policah, dokler nisem končno prišel do starega lesenega mostu, ki je prečkal del reke spodaj. Od tu sem lahko videl ribe, ki so **plavale** proti toku, njihove luske pa so se srebrno lesketale v majhni količini sončne svetlobe, ki jim je še uspela priti od **zgoraj**. Gotovo sem tam ostal več ur in samo opazoval

Gorges de Vintgar

Le soleil se couchait derrière les montagnes, et les derniers rayons de **lumière** brillaient à travers les arbres, jetant une lueur chaude sur le sol de la forêt. Les feuilles devenaient rouges et orange, et l'air était frais et vivifiant. C'était l'automne en Slovénie, et les gorges de Vintgar étaient l'un des plus **beaux** endroits pour le voir. J'avais fait de la randonnée toute la journée, et j'étais fatigué mais heureux en descendant le chemin vers la gorge. J'en avais déjà vu des photos, mais rien ne pouvait me préparer à sa beauté en personne. À mesure que je me rapprochais, j'entendais le bruit de l'eau qui se précipitait, de plus en plus fort et insistant. Puis elle est apparue devant moi : un gouffre **profond** dont les parois s'élancent vers les falaises vertes ; à sa base, une rivière bleu vif s'écume sur les rochers avant de disparaître dans des **tunnels** creusés par des siècles d'érosion.

Je suis resté là un moment à tout regarder avant de descendre pour voir de plus près cette merveille naturelle. Le **sol** autour de moi était humide à cause des récentes pluies, alors j'ai fait attention à ne pas glisser en marchant le long de rebords étroits jusqu'à ce que j'atteigne finalement un vieux pont en bois qui enjambe une partie de la rivière en contrebas. De là,

vodo in poslušal njen **tok.**

Bilo je tako **mirno** in pomirjujoče in čutila sem, kako se
z vsakim trenutkom razblinjajo moje skrbi. Sčasoma
me je začela glodati lakota, zato sem se nejevoljno
odtrgal od soteske in se vrnil na pot, ki me je vodila iz
gozda nazaj v **civilizacijo.** Med hojo sem se počutil
hvaležnega, da sem imel to izkušnjo. Spomnila me
je, koliko lepote še vedno obstaja na tem svetu - celo
na krajih, ki se na prvi pogled zdijo običajni ali **znani.**
Včasih potrebujemo le malo časa, da stvari okoli sebe
zares vidimo s svežimi očmi; le tako lahko resnično
cenimo njihovo **čudovitost**.

je pouvais voir les poissons **nager** en amont contre le courant, leurs écailles scintillant d'argent dans le peu de lumière du soleil qui parvenait encore à les atteindre depuis le **haut**. J'ai dû rester là pendant des heures à regarder l'eau et à écouter le **bruit** de son passage.

C'était si **paisible** et apaisant, et je sentais mes soucis s'évanouir à chaque instant. Mais finalement, la faim a commencé à me tenailler, alors je me suis arrachée à contrecœur de la gorge et j'ai rejoint le chemin qui me permettrait de sortir de la forêt et de retourner à la **civilisation**. En marchant, je ne pouvais m'empêcher d'être reconnaissant d'avoir vécu cette expérience. Cela m'a rappelé combien la beauté existe encore dans ce monde, même dans des endroits qui semblent ordinaires ou **familiers** à première vue. Parfois, tout ce qu'il faut, c'est un peu de temps pour voir les choses qui nous entourent avec un regard neuf ; ce n'est qu'alors que nous pouvons vraiment apprécier leurs **merveilles**.

Vprašanja za razumevanje

1. Kateri letni čas je opisan v besedilu?

2. Kje je avtor?

3. S kakšnim namenom je avtor v gozdu?

4. Kaj si avtor misli o soteski Vintgar?

5. Kako se avtor počuti v soteski?

6. Kaj avtor vidi v soteski?

7. Kaj počne avtor v soteski?

8. Kako se počuti avtor, ko zapusti sotesko?

9. Kakšno je avtorjevo splošno mnenje o izkušnji?

10. S kakšnim namenom je avtor napisal besedilo?

Questions de compréhension

1. A quelle époque de l'année se trouve le texte ?

2. Où se trouve l'auteur ?

3. Quel est le but de la présence de l'auteur dans la forêt ?

4. Que pense l'auteur des gorges de Vintgar ?

5. Que ressent l'auteur lorsqu'il se trouve dans les gorges ?

6. Qu'est-ce que l'auteur voit pendant qu'il est à la gorge ?

7. Que fait l'auteur lorsqu'il est à la gorge ?

8. Que ressent l'auteur en quittant les gorges ?

9. Quelle est l'opinion générale de l'auteur sur cette expérience ?

10. Quel est le but de l'auteur en écrivant ce texte ?

Neandertalčeva flavta

Neandertalčevo flavto so odkrili v jami v **gorah** srednje Evrope. Narejena je iz kosti severnega jelena in naj bi bila stara več kot 40.000 let. Flavto naj bi uporabljali v obredne namene, morda pa je služila tudi za sporazumevanje z drugimi neandertalci. Flavto je odkrila skupina arheologov, ki je raziskovala **jamo**. Flavto so našli v skriti komori, ki je bila več tisoč let zaprta. Flavta je v **odličnem** stanju in velja za eno najstarejših glasbil na **svetu**.

Neandertalčevo flavto so preučevali znanstveniki in muzikologi z vsega sveta. Menijo, da so s flavto ustvarjali glasbo, ki je bila hkrati lepa in **strašljiva**. Zvok flavte naj bi bil podoben zvoku **človeškega** glasu. Neandertalčeva flavta je **fascinanten** del zgodovine, ki je bil skrbno ohranjen. Je pomemben del naše človeške dediščine in jo je treba ceniti še mnogo let. Flavta je zdaj razstavljena v muzeju in je eden najbolj priljubljenih eksponatov. Obiskovalci z vsega sveta prihajajo, da bi si flavto ogledali in jo **slišali** igrati.

Neandertalčeva flavta je opomin na našo skupno **zgodovino** in človeškost. Flavta je **simbol** naše sposobnosti ustvarjanja lepote in medsebojnega

Flûte de Neandertal

La flûte de Néandertal a été découverte dans une grotte des **montagnes** d'Europe centrale. Elle est fabriquée à partir des os d'un renne et serait âgée de plus de 40 000 ans. On pense que la flûte était utilisée à des fins cérémonielles et qu'elle a pu servir à communiquer avec d'autres Néandertaliens. La flûte a été découverte par un groupe d'archéologues qui exploraient la **grotte**. Ils ont trouvé la flûte dans une chambre cachée qui avait été scellée pendant des milliers d'années. La flûte est en **excellent** état et on pense qu'il s'agit de l'un des plus anciens instruments de musique au **monde**.

La flûte de Neandertal a été étudiée par des scientifiques et des musicologues du monde entier. On pense que la flûte était utilisée pour créer une musique à la fois belle et **envoûtante**. Le son de la flûte serait similaire à celui d'une voix **humaine**. La flûte de Néandertal est un élément **fascinant** de l'histoire qui a été soigneusement préservé. Elle constitue une part importante de notre patrimoine humain et devrait être conservée précieusement pour les années à venir. La flûte est maintenant exposée dans un musée et constitue l'une des expositions les plus populaires. Des visiteurs du monde entier viennent voir la flûte et

sporazumevanja. Opominja nas, da nas vse **povezuje** naša skupna človečnost. Neandertalčeva flavta je pomemben del naše zgodovine in jo moramo vsi ceniti. Neandertalčeva flavta je opomin, da nas vse povezuje naša skupna človečnost.

l'**entendre** jouer.

La flûte de Neandertal est un rappel de notre **histoire** commune et de notre humanité commune. La flûte est un **symbole** de notre capacité à créer de la beauté et à communiquer les uns avec les autres. Elle nous rappelle que nous sommes tous **liés** par notre humanité commune. La flûte de Neandertal est une partie importante de notre histoire et devrait être chérie par tous. La flûte de Neandertal nous rappelle que nous sommes tous liés par notre humanité commune.

Vprašanja za razumevanje

1. Kaj je neandertalčeva flavta?

2. Kje so odkrili neandertalčevo flavto?

3. Kako stara je neandertalčeva flavta?

4. Iz česa je narejena neandertalčeva flavta?

5. Kakšen je namen neandertalčeve flavte?

6. Kako so odkrili neandertalčevo flavto?

7. V kakšnem stanju je neandertalčeva flavta?

8. Kakšen je pomen neandertalske flavte?

9. Kje je zdaj neandertalčeva flavta?

10. Zakaj je neandertalčeva flavta pomembna?

Questions de compréhension

1. Qu'est-ce que la flûte de Néandertal ?

2. Où a-t-on découvert la flûte de Néandertal ?

3. Quel âge a la flûte de Néandertal ?

4. De quoi est faite la flûte de Néandertal ?

5. Quel est le but de la flûte de l'homme de Néandertal
?

6. Comment la flûte de Néandertal a-t-elle été
découverte ?

7. Quel est l'état de la flûte de Néandertal ?

8. Quelle est la signification de la flûte de Néandertal ?

9. Où est la flûte de Néandertal maintenant ?

10. Pourquoi la flûte de Neandertal est-elle importante ?

Blejsko jezero

Sonce je zašlo nad Blejskim jezerom in zadnji žarki svetlobe so **sijali** na vodo. To je bil čudovit pogled. Nenadoma se je v vodi zaslišal pljusk in pojavila se je glava. To je bila **ženska**! Začela je plavati proti obali. Ko jo je dosegla, je vstala in se ozrla naokoli. Nikogar ni videla, zato je začela hoditi proti mestu. Med hojo je v daljavi zagledala luči in od nekod slišala glasbo. Sledila je zvoku, dokler ni prišla na **trg,** kjer so ljudje plesali in se smejali. Ko so zagledali njena mokra **oblačila,** so se vsi ustavili in jo opazovali. Ženska ni vedela, kaj naj stori, zato je samo stala tam. Nato je k njej pristopil moški in jo vprašal, kako ji je ime. Povedala mu je, da je Sara.

Predstavil se je kot John in dejal, da ji bo pomagal najti prenočišče. Sara mu je bila hvaležna za pomoč in je odšla z njim. Odpeljal jo je v majhno gostilno na robu mesta in se pogovoril z **lastnikom**. Lastnik je rekel, da lahko ostane v eni od sob v nadstropju. John je pomagal Sari po stopnicah v njeno sobo. Nato ji je zaželel lahko noč in odšel. Sarah je bila utrujena od dolgega plavanja, zato je šla spat. Ponoči je **trdno** spala in se zbudila šele zjutraj. Ko je odprla oči, je videla, da je sonce **že** vzšlo. Vstala je iz postelje in pogledala skozi okno. Pogled je bil osupljiv! Videla je

Lac de Bled

Le soleil se couchait sur le lac de Bled, et les derniers rayons de lumière **brillaient** sur l'eau. C'était un spectacle magnifique. Soudain, il y a eu un plouf dans l'eau et une tête est apparue. C'était une **femme** ! Elle a commencé à nager vers la rive. Quand elle l'a atteint, elle s'est levée et a regardé autour d'elle. Elle n'a vu personne, alors elle a commencé à marcher vers la ville. En marchant, elle a vu des lumières au loin et a entendu de la musique venant de quelque part. Elle a suivi le son jusqu'à ce qu'elle arrive sur une **place** où les gens dansaient et riaient. Ils se sont tous arrêtés en voyant ses **vêtements** mouillés et l'ont dévisagée. La femme ne savait pas quoi faire, alors elle est restée là. Puis, un homme s'est approché d'elle et lui a demandé son nom. Elle lui a dit que c'était Sarah.

Il s'est présenté sous le nom de John et a dit qu'il allait l'aider à trouver un endroit où passer la nuit. Sarah est reconnaissante de son aide et l'accompagne. Il l'a emmenée dans une petite auberge à la périphérie de la ville et a parlé au **propriétaire**. Le propriétaire lui dit qu'elle pouvait rester dans une des chambres à l'étage. John a aidé Sarah à monter les escaliers et à entrer dans sa chambre. Puis, il lui a souhaité bonne nuit et est parti. Sarah était fatiguée de sa longue

Blejsko jezero in gore za njim. Ko je Sarah nekaj minut občudovala razgled, se je oblekla in odšla **dol**. Ko je stopila na **trg, je** spet zagledala Johna.

Pozdravil jo je z nasmehom in jo vprašal, ali želi skupaj **zajtrkovati.** Sarah je privolila in odšla sta v bližnjo kavarno. Po zajtrku je John Sarah razkazal mesto. Pokazal ji je, kje dela kot **mizar,** in ji predstavil nekaj svojih prijateljev. Vsi so se zdeli dovolj prijazni, vendar se Sarah ni mogla znebiti občutka, da se v tem majhnem mestu počuti kot tujec. Pozneje tistega dne je John peljal Sarah k jezeru. Sprehodila sta se okoli njega in se pogovarjala o svojih **življenjih**. Sarah mu je pripovedovala o svojem življenju v mestu in o tem, kako je prišla do Blejskega jezera. John ji je pripovedoval o odraščanju v tem mestu in o tem, kako rad je tukaj. Medtem ko sta se pogovarjala, nista opazila, da sonce zahaja za **gore**. Šele ko se je nebo začelo obarvati **rdeče,** sta se zavedla, kako pozno je že. Poslovila sta se in si obljubila, da se kmalu spet srečata.

baignade, alors elle est allée se coucher. Elle a dormi **profondément toute** la nuit et ne s'est pas réveillée avant le matin. Quand elle a ouvert les yeux, elle a vu que le soleil était **déjà** levé. Elle est sortie du lit et a regardé par la fenêtre. La vue était à couper le souffle ! Elle pouvait voir le lac de Bled et les montagnes au-delà. Après avoir admiré la vue pendant quelques minutes, Sarah s'est habillée et est **descendue**. Quand elle est entrée sur la **place**, elle a revu John.

Il l'a accueillie avec un sourire et lui a demandé si elle voulait prendre le **petit-déjeuner** ensemble. Sarah a dit oui, et ils sont allés dans un café voisin. Après le petit-déjeuner, Jean a fait visiter la ville à Sarah. Il lui a montré où il travaillait comme **charpentier** et l'a présentée à certains de ses amis. Tout le monde semblait assez amical, mais Sarah ne pouvait s'empêcher de se sentir étrangère dans cette petite ville. Plus tard dans la journée, John a emmené Sarah au lac. Ils se sont promenés autour et ont parlé de leurs **vies**. Sarah lui a raconté sa vie en ville et comment elle était arrivée au lac de Bled. John lui a raconté qu'il avait grandi dans la ville et qu'il aimait cet endroit. Pendant qu'ils parlaient, ils n'ont pas remarqué que le soleil se couchait derrière les **montagnes**. Ce n'est que lorsque le ciel a commencé à devenir **rouge** qu'ils ont réalisé qu'il se faisait tard. Ils se sont dit au revoir et se sont promis de se revoir bientôt.

Vprašanja za razumevanje

1. Kaj je storila ženska, ko je zagledala luči in slišala glasbo?

2. Kako so se odzvali ljudje na trgu, ko so videli žensko?

3. Kdo je ženski pomagal najti prenočišče?

4. Kakšen je bil razgled iz Sarine sobe v gostilni?

5. Kam je John peljal Saro po zajtrku?

6. O čem sta se Sara in John pogovarjala med sprehodom okoli jezera?

7. Kako so se počutili, ko so ugotovili, da je že pozno?

8. Od kod je bila Sara?

9. Zakaj je prišla na Blejsko jezero?

10. Kaj je John povedal Sarah o odraščanju v mestu?

Questions de compréhension

1. Qu'a fait la femme quand elle a vu les lumières et entendu la musique ?

2. Comment les gens sur la place ont-ils réagi lorsqu'ils ont vu la femme ?

3. Qui a aidé la femme à trouver un endroit où rester ?

4. Quelle était la vue de la chambre de Sarah à l'auberge ?

5. Où Jean a-t-il emmené Sarah après le petit-déjeuner ?

6. De quoi Sarah et John ont-ils parlé pendant qu'ils se promenaient autour du lac ?

7. Comment se sont-ils sentis lorsqu'ils ont réalisé qu'il se faisait tard ?

8. D'où venait Sarah ?

9. Pourquoi est-elle venue au lac de Bled ?

10. Qu'est-ce que John a raconté à Sarah sur son enfance dans la ville ?

Alpsko smučanje

Sneg je rahlo padal, ko sem se odpravil na vrh **gore**. Bil je čudovit dan za smučanje in komaj sem čakal, da začnem. Ko sem dosegel vrh, sem videl celotno dolino pod sabo, prekrito s plastjo **bele barve**. Globoko sem vdihnil hladen zrak in se začel spuščati po pobočju. Sveži prah je bil kot nalašč za smučanje in hitro sem se izgubil v ritmu rezanja zavojev po snegu. Tu in tam sem v perifernem vidu zagledal nekaj, kar **se je premikalo,** a ko sem se ozrl, ni bilo ničesar. Čez nekaj časa sem se začel počutiti **utrujenega in** se odločil, da si vzamem odmor.

Ustavil sem se ob nekaj drevesih na robu proge in se naslonil na eno od njih, da bi se za nekaj minut spočil. Ko sem tam stal in lovil **sapo,** sem s kotičkom očesa spet opazil gibanje. Tokrat sem se ozrl in zagledal nekaj, kar je švigalo med **drevesi** tik pred mano. Nisem mogel verjeti svojim očem! Prepričan sem bil, da je to, karkoli je bilo, videlo tudi mene. Nisem vedel, kaj naj storim, zato sem samo stal na mestu. Čez nekaj trenutkov je bitje izza dreves prišlo na prosto. To je bila lisica! Nekaj časa sva samo strmela drug v drugega, preden se je obrnila in stekla nazaj v **gozd**. Takrat sem se zavedel, da sem ves čas zadrževal dih.

Srce se mi je razbijalo tako hitro, kot bi se s polno

Ski alpin

La neige tombait doucement alors que je me rendais au sommet de la **montagne**. C'était une belle journée pour skier, et j'avais hâte de commencer. Lorsque j'ai atteint le sommet, j'ai pu voir toute la vallée en dessous de moi, recouverte d'une couche de **blanc**. J'ai pris une grande bouffée d'air froid et j'ai commencé à descendre la pente. La poudreuse fraîche était parfaite pour le ski, et je me suis rapidement retrouvé perdu dans le rythme des virages dans la neige. De temps en temps, j'apercevais quelque chose **qui bougeait** dans ma vision périphérique, mais quand je regardais, il n'y avait rien. Après un certain temps, j'ai commencé à me sentir **fatigué** et j'ai décidé de faire une pause.

Je me suis arrêté près de quelques arbres au bord de la piste et je me suis appuyé contre l'un d'eux pour me reposer quelques minutes. Alors que je me tenais là, reprenant mon **souffle**, j'ai de nouveau remarqué du mouvement du coin de l'œil. Cette fois, quand j'ai regardé, j'ai vu quelque chose qui filait entre les **arbres** juste devant moi. Je n'en croyais pas mes yeux ! J'étais sûr que quoi que ce soit, il m'avait vu aussi. Je ne savais pas quoi faire, alors je suis resté **figé sur place**. Après quelques instants, la créature est sortie de derrière les arbres et s'est mise à découvert. C'était un renard ! Nous nous sommes regardés fixement pendant

hitrostjo spuščal po gori. Šele takrat sem se zavedel, kako **tiho je** postalo. Edini zvok je bil sneg, ki je nežno padal po zraku okoli mene. Še nekaj minut sem stal tam in se poskušal umiriti. Srečanje me je tako pretreslo, da sem se odločil, da se vrnem z gore. Ko sem se ponovno podal na smučanje, so se mi po **glavi podila** vprašanja o tem, kaj se je pravkar zgodilo. Ali je bila to res lisica? Ali sem **si** jo samo **predstavljal?** V vsakem primeru je bila to zagotovo najbolj vznemirljiva stvar, ki se mi je kdajkoli zgodila med smučanjem! O dogodku sem povedal prijateljem in družini, vendar mi nihče ni verjel. Vsi so rekli, da se mi mora nekaj zdeti, saj na tem območju ni lisic. Toda jaz vem, kaj sem videl, in nikoli ne bom pozabil tistega dne, ko sem smučal na gori in imel bližnje **srečanje z** divjo živaljo.

un moment avant qu'il ne se retourne et s'enfuie dans les **bois**. C'est alors que je me suis rendu compte que j'avais retenu ma respiration pendant tout ce temps.

Mon cœur battait aussi vite que si j'avais dévalé la montagne à toute vitesse. Ce n'est qu'à ce moment-là que j'ai réalisé à quel point tout était devenu **calme**. Le seul bruit était celui de la neige tombant doucement dans l'air autour de moi. Je suis resté là quelques minutes de plus, en essayant de me calmer. J'étais tellement secoué par cette rencontre que j'ai décidé de redescendre de la montagne. Alors que je me remettais à skier, mon **esprit** était assailli de questions sur ce qui venait de se passer. Était-ce vraiment un renard ? Ou l'avais-je simplement **imaginé** ? Quoi qu'il en soit, c'était certainement la chose la plus excitante qui me soit jamais arrivée en skiant ! J'ai raconté l'incident à mes amis et à ma famille, mais personne ne m'a cru. Ils ont tous dit que je devais avoir des visions, car il n'y a pas de renards dans la région. Mais je sais ce que j'ai vu et je n'oublierai jamais ce jour de ski sur la montagne où j'ai eu une **rencontre** rapprochée avec un animal sauvage.

Vprašanja za razumevanje

1. Kje je bil avtor, ko se je srečal z divjo živaljo?

2. Kakšno je bilo vreme, ko se je avtor srečal z divjo živaljo?

3. Kaj je počel avtor, ko se je srečal z divjo živaljo?

4. Kaj je avtor videl s perifernim vidom?

5. Kaj je naredilo bitje, ko je prišlo izza dreves?

6. Kako se je avtor počutil, ko je bitje pobegnilo nazaj v gozd?

7. Kateri je bil edini zvok, ki ga je avtor slišal, ko je bitje pobegnilo nazaj v gozd?

8. Kako dolgo je avtor stal tam, ko je bitje pobegnilo nazaj v gozd?

9. Kaj se je avtorju porodilo v glavi, ko je bitje pobegnilo nazaj v gozd?

10. Komu je avtor povedal o dogodku?

Questions de compréhension

1. Où se trouvait l'auteur lorsqu'il a rencontré l'animal sauvage ?

2. Quel temps faisait-il lorsque l'auteur a rencontré l'animal sauvage ?

3. Que faisait l'auteur lors de sa rencontre avec l'animal sauvage ?

4. Qu'est-ce que l'auteur a vu dans sa vision périphérique ?

5. Qu'a fait la créature quand elle est sortie de derrière les arbres ?

6. Qu'a ressenti l'auteur après que la créature se soit enfuie dans les bois ?

7. Quel est le seul son que l'auteur a pu entendre après que la créature se soit enfuie dans les bois ?

8. Combien de temps l'auteur est-il resté là après que la créature se soit enfuie dans les bois ?

9. A quoi pensait l'auteur après que la créature se soit enfuie dans les bois ?

10. A qui l'auteur a-t-il parlé de l'incident ?

Knedlji

Prvič sem cmoke jedel pri babici. Vedno jih je pripravila iz nič in bili so zelo okusni. Ko je umrla, sem se odločila, da jih bom poskusila pripraviti tudi sama. Potrebovala sem nekaj poskusov, da mi je recept uspel, zdaj pa jih pripravljam ves čas. So ena **najljubših** jedi moje družine. Običajno naredim veliko serijo cmokov in jih zamrznem v posameznih porcijah. Tako si jih lahko privoščimo, kadarkoli si jih zaželimo, ne da bi se morali vsakič truditi z njihovo pripravo iz nič. In verjemite mi, vredni so tega! Babičini cmoki so bili vedno polni **najokusnejših** stvari. Uporabljala je različno **meso**, zelenjavo in začimbe, da so bili popolni. Poskušala sem poustvariti njen recept, vendar brez njene skrivne sestavine: **ljubezni,** ni isto.

Vsakič, ko zdaj pripravljam cmoke, pomislim na svojo babico in na vse čudovite spomine, ki sva jih delili skupaj. Kot je rekla: "Najboljši cmoki so narejeni z ljubeznijo." Nekega dne sem **si zares zaželela** cmokov, zato sem se odločila, da grem v trgovino in kupim nekaj zamrznjenih. Toda ko sem prišla domov in jih začela **kuhati,** se mi je zdelo, da nekaj ni v redu. V primerjavi z domačimi cmoki so bili brez okusa in dolgočasni. Takrat sem spoznala, da sveže pripravljeni in z ljubeznijo

Boulettes de pâte à modeler

La première fois que j'ai mangé des boulettes, c'était **chez** ma grand-mère. Elle les faisait toujours à partir de rien et elles étaient absolument délicieuses. Après son décès, j'ai décidé d'essayer de les faire moi-même. Il m'a fallu quelques essais pour réussir la recette, mais maintenant je les fais tout le temps. C'est l'un des plats **préférés** de ma famille. Je fais généralement une grande quantité de boulettes et je les congèle en portions individuelles. Ainsi, nous pouvons les manger quand nous le voulons sans avoir à les préparer à chaque fois. Et croyez-moi, elles en valent la peine ! Les boulettes de ma grand-mère étaient toujours remplies des choses les plus **délicieuses**. Elle utilisait une variété de **viandes**, de légumes et d'épices pour les rendre parfaits. J'ai essayé de recréer sa recette, mais ce n'est pas la même chose sans son ingrédient secret : l'**amour**.

Chaque fois que je fais des boulettes maintenant, je pense à ma grand-mère et à tous les merveilleux souvenirs que nous avons partagés ensemble. Comme elle le disait, "Les meilleures quenelles sont faites avec amour". L'autre jour, j'avais vraiment **envie de** boulettes, alors j'ai décidé de sortir et d'en acheter des

skuhani cmoki preprosto niso **nadomestilo.** Odslej bom jedel (in kuhal) samo domače cmoke. Priprava cmokov je delo ljubezni, vendar je vredno, ko vidiš nasmeh na obrazih svoje družine, ko vzame prvi grižljaj. Nekaj je v teh majhnih žepkih **dobrote, kar** ljudi osrečuje. Zelo sem vesela, da me je babica naučila, kako pripraviti cmoke. Morda zahtevajo nekaj časa in **truda,** vendar so na koncu vsekakor vredni tega.

Bila sem razpoložena za udobno hrano, zato sem se odločila, da naredim cmoke. Že dolgo jih nisem pripravljala, vendar sem se spomnila babičinega **recepta**. Najprej sem zavrela vodo, nato pa sem dodala moko in jajca, da sem naredila testo. Ko je bilo vse skupaj zmešano, sem ga razvaljala v dolgo testo in ga nato razrezala na majhne koščke. Nato je sledil zabavni del: polnjenje cmokov! Uporabil sem različne vrste mesa, zelenjave in **začimb,** da sem ustvaril različne kombinacije okusov. Nekatere so bile slane, druge sladke, a vse so bile okusne.

congelées au magasin. Mais quand je suis rentrée à la maison et que j'ai commencé à les **cuisiner**, quelque chose ne semblait pas aller. Elles avaient un goût fade et ennuyeux comparé aux boulettes faites maison. C'est alors que j'ai réalisé que rien ne pouvait **remplacer** les quenelles fraîches préparées avec amour. Désormais, je ne mangerai (et ne cuisinerai) que des quenelles faites maison. Faire des boulettes est un travail de longue haleine, mais cela en vaut vraiment la peine lorsque vous voyez le sourire de votre famille lorsqu'elle prend sa première bouchée. Il y a quelque chose dans ces petites poches de **bonté** qui rend les gens heureux. Je suis si heureuse que ma grand-mère m'ait appris à faire des boulettes. Ils demandent peut-être un peu de temps et d'**efforts**, mais ils en valent vraiment la peine à la fin.

J'avais envie d'un plat réconfortant, alors j'ai décidé de faire des quenelles. Je n'en avais pas fait depuis longtemps, mais je me suis souvenue de la **recette** de ma grand-mère. J'ai commencé par faire bouillir de l'eau, puis j'ai ajouté la farine et les œufs pour faire la pâte. Une fois que tout était mélangé, je l'ai roulée en une longue corde, puis je l'ai coupée en petits morceaux. Ensuite est venue la partie amusante : remplir les boulettes ! J'ai utilisé une variété de viandes, de légumes et d'**épices** pour créer différentes combinaisons de saveurs. Certaines étaient salées, d'autres sucrées, mais toutes étaient délicieuses.

Vprašanja za razumevanje

1. Kdaj je avtor prvič jedel cmoke?

2. Kako se je avtorica počutila po smrti svoje babice?

3. Zakaj se je avtorica odločila, da bo tudi sama poskusila pripraviti cmoke?

4. Kaj je avtorica naredila drugače, ko je sama poskusila pripraviti cmoke?

5. Kakšen je bil rezultat avtorjevih prizadevanj?

6. Kaj avtorica pravi o babičinih cmokih?

7. Kaj se je zgodilo, ko je avtor v trgovini kupil zamrznjene cmoke?

8. Zakaj se je avtor odločil, da bo odslej jedel samo še domače cmoke?

9. Kaj avtor pravi o pripravi cmokov?

10. Kakšen je bil rezultat avtorjeve priprave cmokov?

Questions de compréhension

1. Quelle est la première fois que l'auteur a mangé des boulettes de pâte ?

2. Comment l'auteur s'est-elle sentie après le décès de sa grand-mère ?

3. Pourquoi l'auteur a-t-elle décidé d'essayer de faire elle-même des boulettes de pâte ?

4. Qu'est-ce que l'auteur a fait différemment lorsqu'elle a essayé de faire des boulettes de pâte elle-même ?

5. Quel a été le résultat des efforts de l'auteur ?

6. Que dit l'auteur à propos des boulettes de sa grand-mère ?

7. Que s'est-il passé lorsque l'auteur a acheté des boulettes congelées au magasin ?

8. Pourquoi l'auteur a-t-il décidé de ne plus manger que des quenelles faites maison à partir de maintenant ?

9. Que dit l'auteur à propos de la préparation des boulettes de pâte ?

10. Quel a été le résultat de la préparation de boulettes par l'auteur ?

Slavoj Žižek

Slavoj Žižek je imel **grozen** dan. Najprej se je pozno zbudil in je moral hiteti na jutranje predavanje. Nato je ugotovil, da je doma pustil svojo skodelico za kavo, zato je moral piti **grenko** univerzitetno kavo. Kot da to ne bi bilo dovolj, mu je med predavanjem eden od študentov postavil vprašanje, na katerega ni znal odgovoriti. Bil je tako razburjen, da je po nesreči prevrnil kozarec za vodo. Za nameček je ob vrnitvi v pisarno ugotovil, da mu je nekdo iz **hladilnika** ukradel kosilo. Zaradi vsega tega je bil Slavoj zelo nejevoljen. Tako zelo, da je Slavoj, ko je eden od sodelavcev na hodniku poskušal navezati pogovor z njim, odvrnil, naj ga pustijo pri miru. To je stvari samo še poslabšalo, saj se je Slavoj zdaj počutil krivega, ker je bil **nesramen**. Odločil se je, da se bo sprehodil po kampusu, da si zbistri glavo, preden se bo vrnil k ocenjevanju nalog. Med hojo je poskušal globoko vdihniti in se umiriti.

Vendar ni imel veliko **sreče in** še vedno je bil precej jezen, ko je zavil za vogal in naletel na nekoga. Oseba se mu je zelo opravičila, vendar je Slavoj le odkorakal mimo nje, ne da bi jo pogledal. Bil je tako zatopljen v **misli,** da ni niti opazil skupine učencev, dokler se niso znašli tik pred njim. Zapirali so mu pot in eden od njih je spregovoril. "Oprostite, profesor Žižek? Zanima

Slavoj Žižek

Slavoj Žižek passait une journée **terrible**. D'abord, il s'est réveillé tard et a dû se précipiter à son cours du matin. Ensuite, il s'est rendu compte qu'il avait oublié sa tasse à café à la maison et a dû boire le café **amer de** l'université. Comme si cela ne suffisait pas, pendant son cours, un de ses étudiants lui pose une question à laquelle il ne peut pas répondre. Il était si agité qu'il a accidentellement renversé son verre d'eau. Pour couronner le tout, lorsqu'il est retourné à son bureau, il a découvert que quelqu'un avait volé son déjeuner dans le **réfrigérateur**. Tout cela a rendu Slavoj très grincheux. À tel point que lorsqu'un de ses collègues a essayé d'engager la conversation avec lui dans le couloir, Slavoj s'est emporté contre lui et lui a demandé de le laisser tranquille. Cela n'a fait qu'empirer les choses car maintenant Slavoj se sentait coupable d'être **impoli**. Il a décidé d'aller se promener sur le campus pour se vider la tête avant de retourner travailler à la correction des copies. Tout en marchant, Slavoj a essayé de respirer profondément et de se calmer.

Il n'a pas eu beaucoup **de chance**, cependant, et se sentait encore très en colère quand il a tourné un coin de rue et a heurté quelqu'un. La personne s'est excusée abondamment, mais Slavoj est passé devant

nas, ali vam lahko zastavimo vprašanje. " Slavoj je globoko zavzdihnil, vendar se je ustavil in se obrnil proti **študentom**. "Za kaj gre?" je nestrpno vprašal. No, zanimalo nas je, ali nam lahko poveste svoje mnenje o **kapitalizmu**. Slavojov obraz se je ob tem vprašanju nekoliko omehčal. To je bilo nekaj, na kar bi vsekakor lahko odgovoril.

"Mislim," je začel, "da je kapitalizem **gospodarski** sistem, ki ustvarja več težav, kot jih rešuje." Učenci so nestrpno prikimavali in čakali na vsako njegovo besedo. Slavoj se je ogrel za svojo temo in začel govoriti z večjo strastjo. "Pripelje do stvari, kot sta dohodkovna neenakost in izkoriščanje **delavcev**. Povzroča tudi uničevanje okolja. " Učenci so bili navdušeni in ko je Slavoj končal govor, so vsi zaploskali. Najprej je bil presenečen, nato pa se je nasmehnil, se rahlo priklonil in nadaljeval svojo pot. Med hojo je ugotovil, da njegov dan morda vendarle ni bil tako slab.

elle sans même la regarder. Il était tellement perdu dans **ses pensées** qu'il n'a même pas remarqué le groupe d'étudiants jusqu'à ce qu'ils soient juste en face de lui. Ils lui bloquaient le passage, et l'un d'eux a pris la parole. "Excusez-moi, professeur Žižek ? Nous nous demandions si nous pouvions vous poser une question ". "Slavoj a poussé un profond soupir, mais il s'est arrêté et s'est tourné vers les **étudiants**. " Qu'est-ce que c'est ? " a-t-il demandé avec impatience. Eh bien, nous nous demandions si vous pouviez nous dire votre opinion sur le **capitalisme**. Le visage de Slavoj s'est un peu adouci à cette question. C'était une question à laquelle il pouvait certainement répondre.

"Eh bien," a-t-il commencé, "je pense que le capitalisme est un système **économique** qui crée plus de problèmes qu'il n'en résout." Les élèves ont hoché la tête avec enthousiasme, suspendus à chacun de ses mots. Slavoj se réchauffe à son sujet et commence à parler avec plus de passion. "Elle conduit à des choses comme l'inégalité des revenus et l'exploitation des **travailleurs**. Elle est également responsable de la destruction de l'environnement. "Les élèves étaient très attentifs et lorsque Slavoj a fini de parler, ils ont tous applaudi. D'abord décontenancé, il sourit et s'incline légèrement avant de poursuivre sa route. En marchant, il s'est rendu compte que sa journée n'était peut-être pas si mauvaise après tout.

Vprašanja za razumevanje

1. Zaradi česa je bil dan Slavoja Žižka grozen?

2. Kako se je Slavoj počutil, ko je naletel na skupino učencev?

3. Kaj so učenci želeli vprašati Slavoja?

4. Kakšno je Slavojovo mnenje o kapitalizmu?

5. Kako se je spremenilo Slavojovo razpoloženje po srečanju z učenci?

6. Zakaj je Slavojov sodelavec skušal navezati pogovor z njim?

7. Kaj je Slavoj naredil, ko se je vrnil v pisarno?

8. Kako se je Slavoj odzval, ko so učenci začeli ploskati?

9. Kje je bil Slavoj, ko se je srečal s študenti?]

10. Kakšen je bil Slavojov načrt, ko je drugič zapustil pisarno?

Questions de compréhension

1. Qu'est-ce qui a rendu la journée de Slavoj Žižek terrible ?

2. Comment Slavoj s'est-il senti lorsqu'il a rencontré le groupe d'étudiants ?

3. Que voulaient demander les élèves à Slavoj ?

4. Quelle est l'opinion de Slavoj sur le capitalisme ?

5. Comment l'humeur de Slavoj a-t-elle changé après sa rencontre avec les étudiants ?

6. Pourquoi le collègue de Slavoj a-t-il essayé d'engager la conversation avec lui ?

7. Qu'a fait Slavoj en retournant à son bureau ?

8. Quelle a été la réaction de Slavoj lorsque les élèves ont commencé à applaudir ?

9. Où se trouvait Slavoj lors de sa rencontre avec les étudiants ?]

10. Quel était le plan de Slavoj lorsqu'il a quitté son bureau la deuxième fois ?

Solkanski most

Solkanski most je bil zgrajen v začetku 19. stoletja
in se razteza čez Jadransko morje. Je eden najbolj
znanih mostov na Hrvaškem in priljubljena **turistična**
destinacija. Na topel poletni dan sta se mlada
zaljubljenca, Janez in Marija, odločila, da se sprehodita
po mostu. Držala sta se za roke in uživala v razgledu,
ko sta nenadoma zaslišala klic na pomoč. Ozrla sta
se in zagledala moškega, ki **se je v** vodi pod mostom
trudil ostati na površju. John je brez premisleka skočil
v vodo, da bi ga rešil. John je bil odličen plavalec in
je hitro dosegel moškega, ki je v paniki omahoval.
Prijel ga je in začel plavati nazaj proti mostu, kjer ga je
zaskrbljeno čakala Mary. Vendar je na pol poti ugotovil,
da je moški pretežak, da bi ga lahko nosil sam, zato je
zaklical na Marijo, naj mu priskoči na **pomoč.**

Najprej je oklevala, nato pa se je brez pomislekov
in strahu potopila v **vodo.** Po čudežu jima je obema
uspelo varno priti nazaj na obalo z neznancem med
njima. Takoj ko sta stopila na suho **kopno,** sta od
izčrpanosti padla. Takrat se je že zbrala množica ljudi
in nekdo je poklical **reševalno vozilo**. Reševalci so
prevzeli reševalno službo, vendar ne prej, preden se je
John uspel ustrezno predstaviti svojemu pogumnemu
rešitelju, ki mu je bilo ime Marko. John in Marko sta se

Pont de Solkan

Le pont Solkan a été construit au début des années 1800 et enjambe la mer Adriatique. C'est l'un des ponts les plus célèbres de Croatie et une destination **touristique** populaire. Par une chaude journée d'été, deux jeunes amoureux, John et Mary, décident de se promener sur le pont. Ils se tenaient la main et profitaient de la vue lorsqu'ils ont soudain entendu quelqu'un crier à l'aide. Ils ont regardé pour voir un homme qui **luttait** pour rester à flot dans l'eau en contrebas. Sans y réfléchir à deux fois, John a sauté dans l'eau pour le sauver. John est un excellent nageur et atteint rapidement l'homme qui se débat dans la panique. Il s'accroche à lui et commence à nager en direction du pont où Mary attend **anxieusement**. Cependant, à mi-chemin, il s'est rendu compte que l'homme était trop lourd pour qu'il puisse le porter tout seul, alors il a crié à Marie de venir l'**aider**.

Elle a d'abord hésité, puis elle a plongé dans l'**eau** sans hésitation ni crainte. Par miracle, ils ont tous deux réussi à regagner le rivage en toute sécurité avec l'étranger entre eux. Dès qu'ils ont posé le pied sur la **terre** ferme, ils se sont effondrés d'épuisement. Une foule s'était alors rassemblée et quelqu'un a appelé une **ambulance**. Les ambulanciers ont pris le relais, mais

po tistem **usodnem** dnevu nekaj časa sestajala, vendar to ni trajalo dolgo.

Šla sta **vsak svojo** pot, vendar jima je spomin na ta dan ostal za vedno. Marko se je kmalu zatem preselil v Ameriko in postal **uspešen** poslovnež. Nikoli ni pozabil ljudi, ki sta mu rešila življenje, in pogosto je razmišljal o tem, kaj bi se lahko zgodilo, če ju tistega dne ne bi bilo tam. Vsako leto na obletnico dneva, ko sta Marku rešila življenje, sta se John in Mary srečala na Solkanskem mostu in **se spominjala** tistega usodnega dne. Pogosto sta se spraševala, kaj bi se lahko zgodilo, če ju ne bi bilo tam, a na koncu sta bila vesela, da se je na koncu **vse** dobro izteklo.

John a eu le temps de se présenter à son courageux sauveteur, qui s'appelait Marko. John et Mary ont fini par sortir ensemble pendant un certain temps après ce jour **fatidique**, mais cela n'a pas duré.

Ils ont suivi des chemins **différents**, mais le souvenir de ce jour est resté gravé dans leur mémoire. Quant à Marko, il s'est installé en Amérique peu après et est devenu un homme d'affaires **prospère**. Il n'a jamais oublié les deux personnes qui lui ont sauvé la vie et pense souvent à ce qui aurait pu se passer si elles n'avaient pas été là ce jour-là. Chaque année, à l'occasion de l'anniversaire du jour où ils ont sauvé la vie de Marko, John et Mary se retrouvent au pont Solkan pour **se remémorer** ce jour fatidique. Ils se demandaient souvent ce qui aurait pu se passer s'ils n'avaient pas été là, mais en fin de compte, ils étaient simplement heureux que **tout se soit finalement** bien passé.

Vprašanja za razumevanje

1. Kako se imenuje most?

2. Kdaj je bil most zgrajen?

3. Kaj obsega most?

4. Kakšen je vzdevek mostu?

5. Kakšno je vreme na dan zgodbe?

6. Kaj sta delala Janez in Marija, ko sta slišala, da nekdo kriči?

7. Kdo je skočil v vodo?

8. Kdaj je Marija skočila v vodo?

9. Kako sta se počutila Janez in Marija, ko sta se vrnila na obalo?

10. Kaj se je po zgodbi zgodilo z Markom?

Questions de compréhension

1. Quel est le nom du pont ?

2. Quand le pont a-t-il été construit ?

3. Quelle est la portée du pont ?

4. Quel est le surnom du pont ?

5. Quel temps fait-il le jour de l'histoire ?

6. Que faisaient Jean et Marie lorsqu'ils ont entendu quelqu'un crier ?

7. Qui a sauté dans l'eau ?

8. Quand Marie a-t-elle sauté dans l'eau ?

9. Comment se sont sentis Jean et Marie après avoir regagné le rivage ?

10. Qu'est-il arrivé à Marko après l'histoire ?

Postrv

Reka je bila hladna, postrvi pa so **grizle**. Bil je popoln dan za ribolov. Postrvi obožujejo hladno vodo, zato hladnejša kot je, bolje grizejo. Že več ur sem bil na vodi, vendar nisem ujel še ničesar. Začel sem biti **razočaran**. Morda ta dan vendarle ne bo tako popoln. Ravno ko sem nameraval obupati, sem začutil poteg za vrvico. Končno! Privlekel sem svoj ulov in občudoval **čudovito** ribo, preden sem jo vrgel nazaj v vodo. Bilo je že pozno, vendar nisem hotel oditi. Končno sem ujel postrv in odločen sem bil, da bom ujel še eno. Sonce je zahajalo, a hladen zrak mi je bil prijeten na obrazu. Ponovno sem vrgel vrvico in **potrpežljivo** čakal.

Nenadoma sem začutil še en poteg in še preden sem se zavedel, sem dobil še eno postrv! Ta je bila še večja od prve. Smejal sem se, ko sem jo vlekel in se počutil **zmagoslavno**. Morda ta dan vendarle ni bil tako slab. Ob sončnem zahodu sem se končno odločil, da spakiram in se odpravim domov. Bilo mi je hladno, bil pa sem tudi utrujen in lačen. Ujel sem dve postrvi in to mi je bilo dovolj. Domov sem se vrnil z **vzmetjo v** koraku, srečen in zadovoljen. Morda dan ni bil popoln, kot sem sprva mislil, da bo, vendar se je na koncu izkazal za precej dobrega. Ko sem vstopil skozi **vrata,** me je žena pozdravila z nasmehom. "Kakšen je bil tvoj

Truite

La rivière était froide et les truites **mordaient**. C'était une journée parfaite pour la pêche. Les truites aiment l'eau froide, donc plus il fait froid, plus elles mordent. J'étais dehors depuis des heures, mais je n'avais encore rien attrapé. Je commençais à être **frustré**. Peut-être que ce n'était pas une journée si parfaite que ça après tout. Au moment où j'allais abandonner, j'ai senti une traction sur ma ligne. Enfin ! J'ai remonté ma prise et admiré le **beau** poisson avant de le rejeter à l'eau. Il se faisait tard, mais je ne voulais pas partir. J'avais enfin attrapé une truite, et j'étais déterminé à en attraper une autre. Le soleil se couchait, mais l'air froid était agréable sur mon visage. J'ai lancé ma ligne à nouveau et j'ai attendu **patiemment**.

Soudain, j'ai senti une autre poussée et avant de m'en rendre compte, j'avais attrapé une autre truite ! Celle-ci était encore plus grosse que la première. J'ai ri en la remontant, me sentant **triomphant**. Peut-être que ce n'était pas une si mauvaise journée après tout. Alors que le soleil se couchait, j'ai finalement décidé de plier bagage et de rentrer à la maison. J'avais froid, mais j'étais aussi fatigué et affamé. J'avais attrapé deux truites, et c'était suffisant pour moi. Je suis rentré chez moi avec un **élan** dans le pas, heureux et satisfait.

dan, dragi?" je vprašala. "Bil je dober," sem odgovoril. "Ujel sem dve postrvi." Zasmejala se je in zmajala z **glavo**. "To je moj mož, ribič."

Naslednji dan sem se zgodaj zbudil in se odpravil nazaj k **reki**. Bil sem odločen, da bom ujel še več postrvi. Sijalo je sonce in voda je bila videti vabljiva. Vrgel sem vrvico in potrpežljivo čakal. **Kmalu** sem spet začutil, kako me je potegnilo za vrvico. Še ena postrv! Ta je bila še večja od prejšnjih dveh. Z veseljem sem se zasmejal, ko sem jo **navijal.** Popolna! Ta dan se je vendarle izkazal za popolnega. Do konca tedna sem se vsak dan vračal k reki. In vsak dan sem ujel več postrvi. Nekatere dni sem ujel dve, druge dni tri ali štiri. Toda ne glede na to, koliko sem jih ujel, je bil dan vedno **popoln.**

Ce n'était peut-être pas la journée parfaite que j'avais imaginée au départ, mais elle s'est avérée plutôt bonne après tout. Lorsque j'ai franchi la **porte**, ma femme m'a accueilli avec un sourire. "Comment s'est passée ta journée, chérie ?" m'a-t-elle demandé. "C'était bien", ai-je répondu. "J'ai attrapé deux truites." Elle a ri et a secoué la **tête**. "C'est mon mari, le pêcheur."

Le lendemain, je me suis réveillé tôt et je suis retourné à la **rivière**. J'étais déterminé à attraper plus de truites. Le soleil brillait et l'eau semblait invitante. J'ai lancé ma ligne et j'ai attendu patiemment. Il n'a pas fallu **longtemps** avant que je sente une traction sur ma ligne à nouveau. Une autre truite ! Celle-ci était encore plus grosse que les deux précédentes. J'ai ri de plaisir en la **remontant**. La perfection ! Après tout, c'était une journée parfaite. Pour le reste de la semaine, je suis retourné à la rivière tous les jours. Et chaque jour, j'ai attrapé plus de truites. Certains jours, j'en attrapais deux, d'autres trois ou quatre. Mais peu importe combien j'en attrapais, j'avais toujours l'impression d'une journée **parfaite**.

Vprašanja za razumevanje

1. Kaj avtor pravi o postrvih?

2. Kako se avtor počuti, ko ne ujame nobene postrvi?

3. Zakaj avtor meni, da ta dan morda ne bo popoln?

4. Kaj se zgodi, ko avtor končno ujame postrv?

5. Kako se avtor počuti, ko ujameta drugo postrv?

6. Zakaj se avtor odloči, da gre domov?

7. Kaj mu reče avtorjeva žena, ko pride domov?

8. Kako se avtor počuti naslednji dan?

9. Kaj se dogaja v preostanku tedna?

10. Zakaj avtor pravi, da je vsak dan popoln dan?

Questions de compréhension

1. Que dit l'auteur à propos de la truite ?

2. Comment l'auteur se sent-il lorsqu'il n'a pas attrapé de truites ?

3. Pourquoi l'auteur pense-t-il que cette journée pourrait ne pas être parfaite ?

4. Que se passe-t-il lorsque l'auteur attrape enfin une truite ?

5. Que ressent l'auteur lorsqu'il attrape sa deuxième truite ?

6. Pourquoi l'auteur décide-t-il de rentrer chez lui ?

7. Que lui dit la femme de l'auteur quand il rentre chez lui ?

8. Comment l'auteur se sent-il le lendemain ?

9. Que se passe-t-il pendant le reste de la semaine ?

10. Pourquoi l'auteur dit-il que chaque jour ressemble à un jour parfait ?

Na plaži

Po sončnem vzhodu so valovi glasnejši in pesek nad plimo je bel. Sprehodim se do plaže in **občudujem** morje in sonce. S prsti na nogah čutim žlebove školjk. Pesek je hladen na mojih prstih. Nasmehnem se in grem naprej. Plima je visoka, zato moram biti previden, da me ne potegne v morje. Hodim ob robu vode in občudujem morje. Sončni vzhod je **čudovit in** valovi se razbijajo. Počutim se tako mirno. Pridem do kraja, kjer je skalni osamelec. Usedem se in opazujem valove. Voda je tako modra in nebo tako **oranžno**. Počutim se, kot da sem v sanjah. Zaprem oči in poslušam valove. Dolgo sem sedela tam, dokler nisem zaslišala, da me nekdo kliče po imenu.

Odprem oči in zagledam mamo, ki mi hodi naproti. Na obrazu ima zaskrbljen pogled. Nasmehnem se in ji pomaham, ona pa **se sprosti**. "Spraševala sem se, kam si šla," reče. "Vesela sem, da uživaš na plaži." Odgovorim: "Uživam." "Tukaj je tako lepo." "Vem," reče. "Ko sem bila tvojih let, sem ves čas hodila sem." "Res?" Vprašam. "Ja," odgovori. "To je poseben kraj." "Si tu kdaj srečala koga posebnega?" Vprašam ga. "Ja," odgovori z nasmehom. "Tvojega očeta." "Res?" **Presenečeno** rečem. "Da," reče. "Ves čas sva hodila sem skupaj. Tu sva se zaljubila. " Nasmehnem se in

A la plage

Après le lever du soleil, les vagues sont plus fortes et le sable au-dessus de la marée est blanc. Je marche jusqu'à la plage, **admirant** la mer et le soleil. Mes orteils sentent les rainures des coquillages. Le sable est froid sur mes orteils. Je souris et je continue. La marée est haute, alors je dois faire attention à ne pas me laisser entraîner. Je marche le long du bord de l'eau, en admirant la mer. Le lever du soleil est **magnifique**, et les vagues s'écrasent. Je me sens si paisible. J'arrive à un endroit où il y a un affleurement rocheux. Je m'assieds et je regarde les vagues. L'eau est si bleue et le ciel est si **orange**. J'ai l'impression d'être dans un rêve. Je ferme les yeux et je me contente d'écouter les vagues. Je suis restée assise pendant un long moment, jusqu'à ce que j'entende quelqu'un m'appeler.

J'ouvre les yeux et je vois ma mère marcher vers moi. Elle a un air inquiet sur le visage. Je souris et je lui fais signe, et elle **se détend**. "Je me demandais où tu étais allée", dit-elle. "Je suis contente que tu profites de la plage." Je réponds : "J'en profite." "C'est tellement beau ici." "Je sais", dit-elle. "Je venais ici tout le temps quand j'avais ton âge." "Vraiment ?" Je demande. "Ouais", répond-elle. "C'est un endroit spécial." "As-tu déjà rencontré quelqu'un de spécial ici ?" Je demande. "Oui",

si predstavljam, kako sta se moja starša zaljubila na tej čudoviti plaži. "To je poseben kraj," ponovi. "Vesela sem, da si danes prišel sem."

Še nekaj časa sedimo tam in **opazujemo** valove in sončni zahod. Nato vstanemo in se vrnemo k svojim brisačam na plaži. Ležim in gledam zvezde. Počutim se tako srečno in zadovoljno. Valovi so zdaj glasnejši in pesek je hladen. Sonce zahaja in piha hladen vetrič. Valovi se razbijajo ob obalo in v zraku je čutiti vonj po soli. To je popoln večer za na plaži. Sprehajam se ob obali, **poslušam** šumenje valov in opazujem sončni zahod. Vidim skupino ljudi, ki sedijo na pesku, se smejijo in šalijo. Videti je, kot da se odlično zabavajo. Pristopim do njih in jih vprašam, ali se jim lahko pridružim. Odgovorijo pritrdilno in preostanek večera se pogovarjamo, smejimo in opazujemo **sončni zahod**. To je popoln večer. S skupino se pogovarjamo, dokler sonce ne zaide. Izmenjujemo si zgodbe in šale ter se vsi odlično zabavamo. Ko se začne spuščati noč, se vsi začnemo počutiti utrujene. Poljubimo se v **slovo** in se razidemo. Vračam se v hotel in se počutim srečno in zadovoljno. Ne morem verjeti, kako lepo je tukaj. Tako srečna sem, da sem to **doživela.**

répond-elle avec un sourire. "Ton père." "Vraiment ?"
Je dis, **surpris**. "Oui," dit-elle. "Nous avions l'habitude
de venir ici tout le temps ensemble. C'est là que nous
sommes tombés amoureux. " Je souris, **imaginant**
mes parents tombant amoureux sur cette magnifique
plage. " C'est un endroit spécial ", répète-t-elle. "Je suis
contente que tu sois venu ici aujourd'hui."

Nous restons assis là un moment de plus, à **regarder**
les vagues et le coucher de soleil. Puis nous nous
levons et retournons à nos serviettes de plage.
Je m'allonge et regarde les étoiles. Je me sens si
heureuse et satisfaite. Les vagues sont plus fortes
maintenant, et le sable est froid. Le soleil se couche et
une brise fraîche souffle. Les vagues s'écrasent sur le
rivage et l'odeur du sel flotte dans l'air. C'est une soirée
parfaite pour être à la plage. Je me promène le long du
rivage, en **écoutant le** bruit des vagues et en regardant
le coucher du soleil. Je vois un groupe de personnes
assises sur le sable, qui rient et plaisantent. Ils ont
l'air de passer un bon moment. Je m'approche d'eux
et leur demande si je peux les rejoindre. Ils acceptent
et nous passons le reste de la soirée à parler, à rire
et à regarder le **coucher de soleil**. C'est une soirée
parfaite. Le groupe et moi parlons jusqu'au coucher du
soleil. Nous partageons des histoires et des blagues,
et nous passons tous un bon moment. À la tombée de
la nuit, nous commençons tous à nous sentir fatigués.
Nous nous embrassons et nous nous séparons.

Vprašanja za razumevanje

1. Kam gre pripovedovalka, ko se zbudi?

2. Kaj pripovedovalka občuduje, ko se sprehaja po plaži?

3. Na kaj mora biti pripovedovalka pozorna, ko hodi po plaži?

4. Kje se pripovedovalec usede, da bi užival v razgledu?

5. Kako dolgo pripovedovalec sedi tam?

6. Koga vidi pripovedovalka, ko ponovno odpre oči?

7. Kaj reče pripovedovalčeva mati?

8. O čem se pripovedovalka in ljudje, ki jih sreča, pogovarjajo?

Questions de compréhension

1. Où va la narratrice après son réveil ?

2. Qu'est-ce que la narratrice admire en marchant le long de la plage ?

3. De quoi la narratrice doit-elle se méfier lorsqu'elle marche le long de la plage ?

4. Où le narrateur s'assoit-il pour profiter de la vue ?

5. Combien de temps le narrateur reste-t-il assis là ?

6. Qui la narratrice voit-elle lorsqu'elle ouvre à nouveau les yeux ?

7. Que dit la mère du narrateur ?

8. De quoi parlent la narratrice et les personnes qu'elle rencontre ?

Kampiranje ob jezeru

Hodim proti jezeru in **občudujem** mirnost prizora. Sonce sija nad majhnim jezerom, zaradi česar je voda videti kot steklo. Edino gibanje je občasno valovanje ribe, ki **razbije** gladino. Zdi se, da si celo ptice oddahnejo od vročine, saj je v zraku slišati le zvok cikad. **Nenadoma** mir prekine glasen pljusk. Iz vode skoči velika **riba in** poskuša ujeti zmajčka. Riba zgreši cilj in s pljuskanjem pade nazaj v vodo. "Vau," si mislim, "to je bila velika riba!" Ozrl sem se naokoli, da bi videl, ali jo je videl še kdo, vendar ni bilo nikogar. Mislim, da jim bom moral povedati, ko se bom vrnil v tabor.

Vročina je **utesnjujoča,** zato težko dihate. Zrak je gost in težak, kot odeja, ki se ovije okoli vas. Edino olajšanje je voda. Ta je hladna in osvežilna, kot hladen napitek na vroč dan. Globoko vdihnem in se potopim v vodo. Ko me obkroži hladna voda, takoj začutim olajšanje. Plavam do dna in nato nazaj na površje ter čutim, kako voda hladi moje telo. Nadaljujem s **plavanjem v** krogih in uživam v oddihu od vročine. Čez nekaj časa izstopim iz vode in se uležem na travo, da mi sonce posuši telo. Zaprem oči in zaspim, zvok **cikad** me zaziblje v globok spanec. Pustim, da sonce iz moje kože izžge vodo. Čutim, da moja koža postaja rdeča, vendar mi je vseeno. Preveč mi je vroče, da bi mi bilo vseeno.

Camping au lac

Je me dirige vers le lac, **admirant** la tranquillité de la scène. Le soleil tape sur le petit lac, faisant ressembler l'eau à une feuille de verre. Le seul mouvement est l'ondulation occasionnelle d'un poisson **brisant la** surface. Même les oiseaux semblent prendre une pause de la chaleur, avec seulement le son des cigales remplissant l'air. **Soudain**, la paix est rompue par un grand plouf. Un gros **poisson** a sauté hors de l'eau, essayant d'attraper une libellule. Le poisson rate sa cible et retombe dans l'eau avec un plouf. "Wow," je me dis, "c'était un gros poisson !". J'ai regardé autour de moi pour voir si quelqu'un d'autre l'avait vu, mais il n'y avait personne. Je suppose que je devrai leur dire quand je rentrerai au camp.

La chaleur est **oppressante**, il est difficile de respirer. L'air est épais et lourd, comme une couverture qui vous enveloppe. Le seul soulagement est dans l'eau. Elle est fraîche et rafraîchissante, comme une boisson fraîche par une journée chaude. Je prends une profonde inspiration et je plonge dans l'eau. Le soulagement est immédiat car l'eau fraîche m'entoure. Je nage jusqu'au fond, puis remonte à la surface, sentant l'eau refroidir mon corps. Je continue à **faire** des longueurs, appréciant le répit de la chaleur. Après un moment,

Naslednje, kar vem, je, da sonce zahaja. Nebo je prekrasno oranžno, z rožnatimi in vijoličastimi progami. Vročine ni več, zamenja jo hladen **vetrič**.

Vstanem in se oblečem, počutim se sveže in pomlajeno. Globoko **vdihnem** hladen zrak in se nasmehnem. Dobro se počutim, da sem živa. Vrnem se v kamp in občudujem, kako barve plešejo na nebu. V daljavi vidim goreče ognjišče in v zraku začutim vonj po dimu. Nasmehnem se in **pospešim** korak. Pripravljen sem se sprostiti in uživati v preostanku večera. Vstopim v kamp in vidim, da so vsi zbrani okoli ognja. **Smejijo se** in šalijo, v njihovih očeh pa se zrcali ogenj. Nasmehnem se in se usedem poleg svojih prijateljev. Lepo je biti nazaj. Naslednje jutro se zbudim zgodaj in začnem pakirati svoje stvari. Komaj čakam, da se vrnem na pot in nadaljujem svoje potovanje. Poslovim se od prijateljev in začnem odhajati. Med hojo si še zadnjič ogledam **kamp**. V daljavi vidim ogenj, ki še vedno gori, in v zraku čutim vonj po dimu. Nasmehnem se in pospešim korak. Pripravljen sem nadaljevati **pot**.

je sors de l'eau et je m'allonge sur l'herbe, laissant le soleil sécher mon corps. Je ferme les yeux et m'endors, le son des **cigales** me berce dans un profond sommeil. Je laisse le soleil faire sortir l'eau de ma peau. Je sens que ma peau devient rouge, mais je m'en moque. J'ai trop chaud pour m'en soucier. La prochaine chose que je sais, c'est que le soleil se couche. Le ciel est d'un bel orange, avec des traces de rose et de violet. La chaleur a disparu, remplacée par une **brise** fraîche.

Je me lève et me rhabille, me sentant rafraîchie et rajeunie. Je **respire** profondément l'air frais et je souris. C'est bon d'être en vie. Je retourne au camping, en admirant la façon dont les couleurs dansent dans le ciel. Je peux voir le feu de camp qui brûle au loin et je peux sentir la fumée dans l'air. Je souris et j'**accélère le** pas. Je suis prête à me détendre et à profiter du reste de ma soirée. J'entre dans le camping et je vois que tout le monde est rassemblé autour du feu. Ils **rient** et plaisantent, et je peux voir le feu se refléter dans leurs yeux. Je souris et m'assieds à côté de mes amis. C'est bon d'être de retour. Le lendemain matin, je me réveille tôt et je commence à préparer mes affaires. J'ai hâte de retourner sur le sentier et de poursuivre mon voyage. Je dis au revoir à mes amis et commence à m'éloigner. En marchant, je jette un dernier regard sur le **camping**. Je peux voir le feu qui brûle toujours au loin et je peux sentir la fumée dans l'air. Je souris et j'accélère le pas. Je suis prêt à poursuivre mon **voyage**.

Vprašanja za razumevanje

1. Kam gre sprehajalec?

2. Kakšno je vreme?

3. Kako je videti voda?

4. Kako se sprehajalec odziva na vročino?

5. Kaj počne riba?

6. Zakaj je sprehajalec sam?

7. Kakšen je občutek vode?

8. Kako se sprehajalec počuti po plavanju?

9. Ob kateri uri dneva se sprehajalec zbudi?

10. Kam gre sprehajalec, ko zapusti taborišče?

Questions de compréhension

1. Où va le marcheur ?

2. Quel temps fait-il ?

3. À quoi ressemble l'eau ?

4. Comment le marcheur réagit-il à la chaleur ?

5. Que fait le poisson ?

6. Pourquoi le marcheur est-il seul ?

7. Quelle est la sensation de l'eau ?

8. Comment le marcheur se sent-il après avoir nagé ?

9. A quelle heure de la journée le déambulateur se réveille-t-il ?

10. Où va le marcheur quand il quitte le camp ?

Hiša

Prejšnji teden sem se preselila v svojo novo hišo in zelo sem **navdušena**! Je veliko večja od moje stare in ima veliko dvorišče. Komaj čakam, da bodo prijatelji prišli k meni na žar in zabave. **Najraje imam** svojo novo spalnico. Tako velika in svetla je in imam veliko prostora, kamor lahko pospravim vse svoje stvari. S svojo novo hišo sem zelo zadovoljna in mislim, da bom tukaj zelo srečna. Odločil sem se, da bom hišo še malo raziskal. Šel sem v drugo nadstropje in se odpravil v kuhinjo, ko sem na steni zagledal velikega črnega pajka! Zakričala sem in stekla po stopnicah navzdol. Bila sem tako **prestrašena**! Po nekaj minutah sem se pomiril in se odločil, da se vrnem v zgornje nadstropje. Počasi sem prišel do kuhinje in videl, da pajka ni več. Tako sem si oddahnila! Vrnil sem se po stopnicah in se odločil, da grem ven in raziščem **dvorišče**. Bil je tako velik! Nisem mogel verjeti. V kotu sem videl gugalnico in tobogan. Videl sem tudi košarkarsko mrežo in **trampolin**. Bil sem tako navdušen!

Komaj čakam, da uporabim vse te nove stvari. **Sosedje** so prišli in se predstavili. Zdelo se mi je, da so zelo prijazni, in nekaj časa smo se pogovarjali. Povabila sta me na njihov BBQ prihodnji konec tedna in rekel sem, da bi z veseljem prišel. Prvi teden v novi hiši je bil odličen in navdušena sem nad vsemi novimi

La Maison

J'ai emménagé dans ma nouvelle maison la semaine dernière, et je suis si **excitée** ! Elle est tellement plus grande que l'ancienne, et elle a un grand jardin. J'ai hâte d'inviter des amis pour des barbecues et des fêtes. Ce que je **préfère,** c'est ma nouvelle chambre. Elle est si grande et lumineuse, et j'ai beaucoup d'espace pour mettre toutes mes affaires. Je suis très contente de ma nouvelle maison et je pense que je serai très heureuse ici. J'ai décidé d'explorer un peu plus la maison. Je suis monté au deuxième étage et j'ai commencé à me diriger vers la cuisine quand j'ai vu une grosse araignée noire sur le mur ! J'ai crié et j'ai couru en bas. J'avais tellement **peur** ! Mais après quelques minutes, je me suis calmée et j'ai décidé de retourner à l'étage. J'ai lentement fait mon chemin vers la cuisine et j'ai vu que l'araignée était partie. J'étais tellement soulagée ! Je suis redescendu et j'ai décidé de sortir pour explorer le **jardin**. Elle était si grosse ! Je n'arrivais pas à y croire. J'ai vu une balançoire dans le coin et un toboggan. J'ai aussi vu un filet de basket et un **trampoline**. J'étais tellement excitée!

J'ai hâte d'utiliser tous ces nouveaux trucs. Les **voisins** sont venus et se sont présentés. Ils avaient l'air très gentils, et nous avons parlé un moment. Ils m'ont invité à leur barbecue le week-end prochain, et j'ai dit que j'aimerais beaucoup venir. J'ai passé une excellente

dogodivščinami, ki so pred mano. Danes bom spet raziskoval na dvorišču in videl, kaj še lahko najdem. Kdo ve, morda bom našla celo kakšen **zaklad**. Komaj čakam, da vidim, kaj bo prinesel naslednji teden! Naslednji teden sem spet raziskoval na dvorišču in našel **skrivni** vrt. Bil je tako čudovit! Povsod so bile rože in majhen ribnik z ribami. Videl sem tudi gugalnico, ki je še nisem videl. Bil sem tako navdušen nad tem skrivnim vrtom in komaj čakam, da ga bom še raziskal. Bilo je tako **lepo**!

Povsod so bile rože in ribnik z ribami. Videl sem tudi gugalnico, ki je še nisem videl. Bil sem tako navdušen nad tem skrivnim vrtom in komaj čakam, da ga bom še bolj raziskal. Všeč mi je bila tudi moja nova soba. Bila je tako velika in svetla, na stenah pa so bili že plakati mojih najljubših glasbenih skupin. Sploh mi ni bilo treba prinesti svojega **pohištva,** saj so bili tu že postelja, komoda in pisalna miza. To bo najboljše leto doslej! Malo sem bila nervozna zaradi začetka nove **šole,** vendar so bili vsi moji novi sosedje zelo prijazni. Spoznala sem celo dekle, ki živi v sosednji hiši, in pravi, da bo prvi dan hodila z mano v šolo.

première semaine dans ma nouvelle maison et j'ai hâte de vivre toutes les nouvelles aventures qui m'attendent. Aujourd'hui, je vais encore aller explorer le jardin et voir ce que je peux trouver d'autre. Qui sait, peut-être vais-je même trouver un **trésor**. J'ai hâte de voir ce que la semaine prochaine nous réserve ! La semaine suivante, je suis retourné explorer le jardin et j'ai trouvé un jardin **secret**. C'était tellement beau ! Il y avait des fleurs partout et un petit étang avec des poissons dedans. J'ai aussi vu une balançoire que je n'avais jamais vue auparavant. J'étais si excitée de trouver ce jardin secret, et j'ai hâte de l'explorer davantage. C'était tellement **beau** !

Il y avait des fleurs partout et un petit étang avec des poissons dedans. J'ai aussi vu une **balançoire** que je n'avais jamais vue auparavant. J'étais si excitée de trouver ce jardin secret, et j'ai hâte de l'explorer davantage. J'ai aussi adoré ma nouvelle chambre. Elle était si grande et lumineuse, et il y avait déjà des posters de mes groupes préférés sur les murs. Je n'ai même pas eu besoin d'apporter mes propres **meubles** car il y avait déjà un lit, une commode et un bureau. Ça va être la meilleure année de ma vie ! J'étais un peu nerveux à l'idée de commencer dans une nouvelle **école**, mais tous mes nouveaux voisins ont été si gentils. J'ai même rencontré une fille qui habite à côté et elle m'a dit qu'elle m'accompagnerait à l'école le premier jour.

Vprašanja za razumevanje

1. Kje oseba živi?

2. Kako je osebi všeč v novi hiši?

3. Kateri del nove hiše je osebi najljubši?

4. Kaj je oseba našla na vrtu?

5. Kdo so sosedje?

6. Kako se je oseba počutila prve dni v novi hiši?

7. Kateri del nove sobe je osebi najljubši?

8. Kaj namerava oseba storiti jutri?

9. Kaj je bil najboljši del prvega tedna v novi hiši?

10. Kaj vse je v novi sobi te osebe?

Questions de compréhension

1. Où vit la personne ?

2. Comment la personne se sent-elle dans sa nouvelle maison ?

3. Quelle est la partie de la nouvelle maison que la personne préfère ?

4. Qu'est-ce que la personne a trouvé dans le jardin ?

5. Qui sont les voisins ?

6. Comment se sont passés les premiers jours de la personne dans sa nouvelle maison ?

7. Quelle est la partie de la nouvelle pièce que la personne préfère ?

8. Qu'est-ce que la personne prévoit de faire demain ?

9. Quelle a été la meilleure partie de la première semaine de la personne dans sa nouvelle maison ?

10. Qu'y a-t-il dans la nouvelle chambre de la personne ?

Na vlaku

Stekel sem na železniško postajo, a sem bil prepozen. Vlak je že odpeljal brez mene. Bila sem tako **jezna** in **razočarana nad** sabo. Z vlakom sem nameravala obiskati stare starše, ki živijo na podeželju, zdaj pa bom morala na naslednji vlak čakati celo uro. Odločil sem se, da se bom raje nekaj časa sprehajal po mestu in poskušal pozabiti na zamujeno priložnost. Med hojo sem začel **sanjariti o** vseh krajih, kamor te lahko odpelje **vlak.** Nenadoma nisem bil več tako razburjen. Vrnil sem se na postajo in ne morem si pomagati, da ne bi opazil velike rdeče, bele in modre lokomotive, ki si je utirala pot proti meni. Šele ko zagledam **sprevodnika, ki** mi maha z okna, se zavem, da je ta vlak namenjen meni. Vstopim na vlak, si poiščem sedež in se namestim za dolgo potovanje, ki se mi obeta.

Ko zapeljemo s postaje, se sprašujem, kam me bo peljal ta vlak. Čez zelena **polja** in modre reke, mimo gora in dolin, ne vem, kam bo peljal ta stari vlak. Ko začne padati noč, zaspim **miren** spanec, ki ga zaziblje **ritmično** premikanje vagonov na spodnjih tirih. Ko se zjutraj spet zbudim, odprem oči in ugotovim, da smo prispeli v majhno mestece nekje sredi ničesar. Sonce ravno pokuka čez obzorje, ko se domačini začnejo sprehajati po glavni ulici; tu je videti kot vsak drug dan,

Dans le train

J'ai couru jusqu'à la gare, mais c'était trop tard. Le train était déjà parti sans moi. Je me suis sentie tellement **en colère** et **déçue** de moi-même. J'avais prévu de prendre le train pour rendre visite à mes grands-parents qui vivent à la campagne, mais maintenant je devais attendre le prochain train pendant une heure entière. J'ai décidé de me promener un peu dans la ville à la place et j'ai essayé d'oublier cette occasion manquée. En marchant, j'ai commencé à **rêver à** tous les endroits où le **train** peut vous emmener. Soudain, je n'étais plus aussi contrariée. Je suis retourné dans la gare et je n'ai pu m'empêcher de remarquer la grande locomotive rouge, blanche et bleue qui se dirigeait vers moi. Ce n'est que lorsque je vois le **conducteur** me faire signe par la fenêtre que je réalise que ce train est pour moi. Je monte dans le train et trouve mon siège, m'installant pour ce qui promet d'être un long voyage.

Alors que nous sortons de la gare, je ne peux m'empêcher de me demander où ce train va m'emmener. À travers des **champs** verts et des rivières bleues, en passant par des montagnes et des vallées, on ne sait pas où ce vieux train va aller. À la tombée de la nuit, je m'endors **paisiblement**, bercé par le mouvement **rythmique** des wagons sur les rails en contrebas. Quand le matin revient, j'ouvre les yeux

razen ene stvari - v bližini mestne hiše je velik napis "Dobrodošli na krovu!" Zdi se, da nas je to mestece pričakovalo, čeprav smo le navaden **potniški** vlak, ki se pelje skozi na poti drugam. Ko mesto spet pustimo za seboj in se peljemo kdo ve kam, se nasmehnem vsem prijaznim obrazom, ki nam v slovo mahajo iz hišic, stisnjenih med **kmetijska zemljišča -** res je neverjetno, kako lahko nekaj tako na videz običajnega prinese toliko veselja že samo s tem, da pelje mimo. In potem so tu seveda še **otroci.**

Nagnem se skozi okno svoje lokomotive. Vedno me razveselijo s svojimi sijočimi očmi in velikimi nasmeški. Energično jim pomaham nazaj, preden se vrnem v svojo **kabino** in se usedem. Dan je bil že tako dolg, vendar ga še ni konec; do našega končnega **cilja je** še nekaj ur. Izvlečem knjigo in začnem brati, da me ritmično zibanje vlaka zaziblje v mirno stanje.

pour constater que nous sommes arrivés dans une petite ville quelque part au milieu de nulle part. Le soleil pointe à peine à l'horizon et les habitants commencent à s'agiter dans la rue principale ; c'est un jour comme les autres ici, à l'exception d'une chose : il y a un grand panneau près de l'hôtel de ville qui dit "Bienvenue à bord". Il semble que cette petite ville nous attendait, même si nous ne sommes qu'un train de **voyageurs** ordinaire qui passe par là pour aller ailleurs. Alors que nous laissons la ville derrière nous une fois de plus, en direction d'on ne sait où, je souris à tous les visages amicaux qui nous saluent depuis ces petites maisons nichées au milieu des **terres agricoles - c**'est vraiment étonnant de voir comment quelque chose d'apparemment si ordinaire peut apporter tant de joie simplement en passant par là. Et puis, bien sûr, il y a les **enfants**.

Je me penche par la fenêtre de ma locomotive. Ils me rendent toujours si heureux avec leurs yeux brillants et leurs grands sourires. Je leur fais un signe de la main énergique avant de retourner dans ma **cabine** et de m'asseoir. La journée a déjà été longue, mais elle n'est pas encore terminée ; il reste encore quelques heures avant d'atteindre notre **destination** finale. Je sors mon livre et commence à lire, laissant le balancement rythmique du train me bercer dans un état paisible.

Vprašanja za razumevanje

1. Kam pelje vlak?

2. Kdo potuje z vlakom?

3. Kdaj odpelje vlak?

4. Kako junak pride na vlak?

5. Od kod prihaja vlak?

6. Kam bo vlak odpeljal naslednjič?

7. Kdaj so prispeli potniki?

8. Kako se junak počuti, ko zamudi vlak?

9. Kako se odzove strojevodja, ko zagleda glavnega junaka?

10. Zakaj ima protagonist rad vlake?

Questions de compréhension

1. Où va le train ?

2. Qui voyage dans le train ?

3. Quand le train part-il ?

4. Comment le protagoniste monte-t-il dans le train ?

5. D'où vient le train ?

6. Où le train va-t-il ensuite ?

7. Quand les passagers sont-ils arrivés ?

8. Que ressent le protagoniste lorsqu'il rate le train ?

9. Comment le conducteur du train réagit-il lorsqu'il voit le protagoniste ?

10. Pourquoi le protagoniste aime-t-il les trains ?

Kuhanje večerje

Ura je pet popoldne in grem iz službe domov. Veselim **se** mirnega večera doma s partnerjem. Skupaj bova pripravila večerjo in se nato do konca noči sprostila. Dobro se počutim, ko vem, da ta **večer** nimam nobenih načrtov ali obveznosti. Pridem domov in moj partner je že v kuhinji in začne pripravljati najino večerjo. Tu **neverjetno** diši! Med kuhanjem se pogovarjamo in si pripovedujemo o svojih dnevih ter delimo zgodbice iz najinega poklicnega življenja. Kuhinja je moj najljubši prostor v našem stanovanju. Rada kuham in še posebej rada kuham s svojim partnerjem. Vedno se imava tako lepo, ko se smejeva in šaliva, medtem ko kuhava. Poleg tega je hrana vedno **neverjetna,** ko delava **skupaj.**

Danes bomo pripravili enega mojih najljubših receptov: **piščanca** parmezana. Moj partner začne s stepanjem piščanca, jaz pa na **štedilniku** kuham omako. Delujeva skupaj kot dobro naoljen stroj in kmalu je večerja pripravljena za serviranje. Sedemo za našo majhno kuhinjsko mizo s **krožniki, na katerih so** piščanec parmezan, testenine in solata. Sklenemo kozarce in prvič ugriznemo - in to je **božansko!** Piščanec je zunaj hrustljav, znotraj pa sočen; omaka je aromatična in popolna; testenine so kuhane al dente ... vse je danes popolnoma popolnega okusa. Oba veva, da je bil to

Cuisiner le dîner

Il est 17 heures et je rentre à pied du travail. J'ai **hâte** de passer une soirée tranquille à la maison avec mon partenaire. Nous allons préparer le dîner ensemble et nous détendre pour le reste de la nuit. C'est agréable de savoir que je n'ai aucun projet ni aucune obligation ce **soir**. J'arrive à la maison et mon partenaire est déjà dans la cuisine, en train de préparer notre dîner. Ça sent **très bon** ici ! Nous bavardons tout en cuisinant, prenant des nouvelles de nos journées respectives et partageant des petites histoires de nos vies professionnelles. La cuisine est ma pièce préférée dans notre appartement. J'adore cuisiner, et j'aime particulièrement cuisiner avec mon partenaire. Nous passons toujours un bon moment ici, à rire et à plaisanter pendant que nous cuisinons. De plus, la nourriture est toujours **incroyable** lorsque nous travaillons **ensemble**.

Ce soir, nous faisons l'une de mes recettes préférées : le **poulet au** parmesan. Mon partenaire commence par paner le poulet pendant que je fais mijoter la sauce sur la **cuisinière**. Nous travaillons ensêmble comme une machine bien huilée, et en peu de temps, le dîner est prêt à être servi. Nous nous asseyons à notre petite table de cuisine avec des **assiettes** remplies de poulet

eden od tistih večerov, ko se je vse skupaj odlično sestavilo, ko sva **uživala v** vsakem grižljaju slastnega obroka. Okus je bil še boljši, kot je dišal - kar je bilo prekleto dobro! Obrok sva končala razmeroma hitro, saj danes nihče od naju ni bil posebej lačen, vendar sva si vzela čas in uživala še v nekaj **kozarcih** vina, medtem ko sva lahkotno klepetala o tej in oni temi. Po večerji skupaj hitro pospravimo in se nato preselimo v dnevno sobo, kjer **se** nekaj časa **objemamo** na kavču ob gledanju televizije.

Po dolgem **delovnem** dnevu, ki ga preživimo ločeno, je tako prijetno biti blizu drug drugemu. Počutim se zadovoljno. Čeprav nisva imela razgibanega večera, je bilo lepo preživeti nekaj časa skupaj, ne da bi morala zapustiti hišo. Ogledala sva si film in šla zgodaj spat, saj sva se počutila **zadovoljna z** najinim preprostim večerom. To je postala ena od **najinih najljubših** stvari, ki jih počneva ob večerih, ko ne želiva iti ven - preprosto se sprostiva doma in uživava v družbi drug drugega ob domačem obroku.

au parmesan, de pâtes et de salade. Nous faisons tinter les verres et prenons notre première bouchée - et c'est **divin** ! Le poulet est croustillant à l'extérieur mais juteux à l'intérieur ; la sauce est savoureuse et parfaite ; les pâtes sont cuites al dente... tout a un goût absolument parfait ce soir. Nous savons tous les deux que c'était l'une de ces nuits où tout s'est parfaitement réuni alors que nous **savourons** chaque bouchée de notre délicieux repas. Le goût était encore meilleur que l'odeur, qui était sacrément bonne ! Nous terminons notre repas assez rapidement car aucun de nous n'a particulièrement faim aujourd'hui, mais nous prenons notre temps en dégustant quelques **verres** de vin supplémentaires tout en discutant légèrement de tel ou tel sujet. Après le dîner, nous nettoyons rapidement ensemble et passons au salon, où nous passons un moment à **nous câliner** sur le canapé en regardant la télévision.

C'est tellement agréable d'être près l'un de l'autre après une longue journée de **travail** séparé. Je me sens satisfaite. Même si la soirée n'a pas été très animée, c'était agréable de passer du temps ensemble sans avoir à quitter la maison. Nous avons regardé un film et nous nous sommes couchés tôt, **satisfaits** de notre simple soirée. C'est devenu l'une de nos activités **préférées** les soirs où nous n'avons pas envie de sortir - se détendre à la maison et profiter de la compagnie de l'autre autour d'un repas fait maison.

Vprašanja za razumevanje

1. Od kod prihaja pripovedovalec?

2. Kaj pripovedovalec počne po službi?

3. Kaj pripovedovalec poje za večerjo?

4. Zakaj je pripovedovalcu všeč kuhinja?

5. Kakšno jed pripravlja par?

6. Kako se pripovedovalec počuti ob koncu večera?

7. Kaj par najraje počne?

8. Kaj počneta, ko se utrudita?

9. Kje spijo?

10. Zakaj pripovedovalec rad ostaja doma?

Questions de compréhension

1. D'où vient le narrateur ?

2. Que fait le narrateur après le travail ?

3. Que mange le narrateur pour le dîner ?

4. Pourquoi le narrateur aime-t-il la cuisine ?

5. Quel genre de plat le couple cuisine-t-il ?

6. Que ressent le narrateur à la fin de la soirée ?

7. Quelle est l'activité préférée du couple ?

8. Que fait le couple quand il est fatigué ?

9. Où dorment-ils ?

10. Pourquoi le narrateur aime-t-il rester à la maison ?

Hoja domov

Ko sem se vračal domov iz službe, je bila **mirna** noč. Med hojo sem se ob spominih nasmehnila. Dobro se mi je zdelo, da sem se vrnil v svojo staro sosesko. Pomahal sem nekaj ljudem, ki sem jih poznal, in oni so mi pomahali nazaj. Dobro je bilo biti doma. Hodil sem mimo svoje stare šole in **se spominjal** vseh lepih trenutkov, ki sem jih preživel s prijatelji. Vedno smo se skupaj vračali domov in se pogovarjali o svojem dnevu. **Včasih smo** se ustavili na sladoledu ali šli v park. To so bili najlepši časi. Pogrešam jih. Toda zdaj imam svojo družino in sem zadovoljen s svojim življenjem. Vesela sem, da se lahko ob teh spominih nasmehnem. So del mojega življenja, ki ga bom vedno cenila. To so bili najboljši časi. Pogrešam jih. Toda zdaj imam svojo družino in sem zadovoljen s svojim življenjem. Vesela sem, da se lahko ob teh **spominih** ozrem nazaj in se nasmehnem. So del mojega življenja, ki ga bom vedno cenil.

Hodim naprej in razmišljam o lepih trenutkih, ki sem jih preživel s prijatelji. Vem, da jih bom kmalu spet videl. Odpravim se proti domu in se odločim, da se sprehodim po bližnjem parku. Sonce zahaja in nebo se obarva v **čudovito** oranžno barvo. Park je prazen, razen nekaj ptic, ki čivkajo na drevesih. Globoko **vdihnem in** se

Walking Home

C'était une nuit **paisible** alors que je rentrais du travail. En marchant, je ne pouvais m'empêcher de sourire aux souvenirs. C'était bon d'être de retour dans mon ancien quartier. J'ai salué quelques personnes que je connaissais, et elles m'ont salué en retour. C'était bon d'être chez soi. Je suis passé devant mon ancienne école et je **me suis souvenu de** tous les bons moments que j'ai passés avec mes amis. On rentrait toujours ensemble à la maison et on parlait de notre journée. **Parfois,** on s'arrêtait pour acheter une glace ou aller au parc. C'était les meilleurs moments. Ces moments me manquent. Mais maintenant, j'ai ma propre famille et je suis heureuse de ma vie. Je suis heureux de pouvoir repenser à ces souvenirs et de sourire. Ils font partie de ma vie et je les chérirai toujours. C'était les meilleurs moments. Ils me manquent. Mais maintenant, j'ai ma propre famille et je suis heureux de ma vie. Je suis heureux de pouvoir repenser à ces **souvenirs** et de sourire. Ils font partie de ma vie et je les chérirai toujours.

Je continue à marcher, en pensant aux bons moments que j'ai passés avec mes amis. Je sais que je les reverrai bientôt. Je me dirige vers ma maison et décide de me promener dans un parc à proximité. Le soleil se

nasmehnem. Ko se sprehajam po parku, zagledam padajočo zvezdo, ki se razteza po nebu. Zaželela sem si, da bi jo videla, in šla naprej. Razmišljam o svojem dnevu v službi in o tem, kako **miren** je bil. Pri sebi se nasmehnem in pomislim, kakšno srečo imam, da imam tako dobro službo. Hodim domov in na koži **čutim** hladen nočni zrak. Počutim se tako živahno in srečno, ker uživam v preprosti hoji domov v mirni noči. Počutil sem se tako dobro, da sem začel **žvižgati**. Šel sem mimo nekaj ljudi na ulici, vendar so se vsi ukvarjali s svojimi zadevami.

Zavil sem za vogal svoje ulice in zagledal sosedovega mačka, gospoda Whiskersa, ki je sedel na verandi. Pozdravil sem ga, on pa mi je pomežiknil. **Odklenil** sem vrata in vstopil. Bila sem zelo vesela, da sem doma. Sezula sem si čevlje in se pripravila za spanje. Tisto noč sem šel spat srečen in hvaležen, moje srce pa je bilo polno ljubezni. Ponoči sem mirno spala in me ni nič skrbelo. Ko sem se zbudila iz mirnega spanca, me je **pozdravilo** sonce, ki je sijalo skozi okno. Vstal sem iz postelje in se pretegnil, globoko vdihnil in začutil, kako mi je hladen zrak napolnil pljuča.

couche et le ciel prend une **belle** couleur orange. Le parc est vide, à l'exception de quelques oiseaux qui gazouillent dans les arbres. Je prends une profonde **inspiration** et je souris. Alors que je marche dans le parc, je vois une étoile filante traverser le ciel. J'ai fait un vœu sur cette étoile et j'ai continué à marcher. Je pense à ma journée de travail et au **calme qui** y régnait. Je souris à moi-même, en pensant à la chance que j'ai d'avoir un si bon travail. Je rentre chez moi, en **sentant l'**air frais de la nuit sur ma peau. Je me sens si vivante et heureuse, profitant du simple fait de rentrer chez moi par une nuit paisible. Je me sentais si bien que j'ai commencé à **siffler**. Je suis passé devant quelques personnes dans la rue, mais elles s'occupaient toutes de leurs affaires.

J'ai tourné le coin de ma rue et j'ai vu le chat de mon voisin, M. Whiskers, assis sur mon porche. Je lui ai dit bonjour et il miaulait en retour. J'ai **déverrouillé** ma porte et je suis entrée. J'étais si heureuse d'être chez moi. J'ai enlevé mes chaussures et me suis préparée pour aller me coucher. Je me suis couchée ce soir-là, heureuse et reconnaissante, le cœur plein d'amour. J'ai dormi profondément toute la nuit, sans me soucier de rien. Je me suis réveillée d'un sommeil réparateur et j'ai été **accueillie** par le soleil qui brillait à travers ma fenêtre. Je suis sorti du lit et me suis étiré, prenant une profonde inspiration et sentant l'air frais remplir mes poumons.

Vprašanja za razumevanje

1. Kaj je počel glavni junak, ko se je zgodba začela?

2. O čem je protagonist razmišljal, ko je hodil domov?

3. Kaj je protagonist po šoli počel s prijatelji?

4. Kaj protagonist pogreša v tistih časih?

5. Kaj protagonist meni o svojem sedanjem življenju?

6. Kaj stori glavni junak, ko zagleda padajočo zvezdo?

7. Kako se junak počuti, ko gre domov?

8. Kaj stori glavni junak, ko pride domov?

9. Kako se junak počuti, ko se naslednje jutro zbudi?

10. Kaj protagonist počne naslednji dan?

Questions de compréhension

1. Que faisait le protagoniste au début de l'histoire ?

2. À quoi le protagoniste a-t-il pensé en rentrant chez lui ?

3. Qu'est-ce que le protagoniste avait l'habitude de faire avec ses amis après l'école ?

4. Qu'est-ce que le protagoniste regrette de cette époque ?

5. Que pense le protagoniste de sa vie actuelle ?

6. Que fait le protagoniste lorsqu'il voit une étoile filante ?

7. Que ressent le protagoniste lorsqu'il rentre à pied chez lui ?

8. Que fait le protagoniste lorsqu'il rentre chez lui ?

9. Que ressent le protagoniste lorsqu'il se réveille le lendemain matin ?

10. Que fait le protagoniste le lendemain ?

Grad

Družina si je že od nekdaj želela obiskati stari grad
v **Nemčiji** in končno se je odpravila na potovanje.
Niso bili **razočarani**. Grad je bil čudovit in uživali so v
raziskovanju njegovih številnih sob in hodnikov. Prva
stvar, ki jih je presenetila, je bil vonj. Našli so **plesen**,
vlago in še nekaj drugega, česar niso znali določiti.
Druga stvar je bil zvok. Kamniti zidovi so sicer debeli,
vendar zvoka ne utišajo popolnoma. Slišala sta vsak
korak, vsako besedo, izrečeno z normalnim glasom, in
občasno kapljanje vode **nekje v** daljavi. Ko so se njune
oči prilagodile šibki svetlobi, sta zagledala masivne
kamnite zidove, ki so se dvigali okoli njiju, in tapiserije,
ki so v **raztrganih** kosih visele z njih. Stala sta v
ogromni dvorani z visokim stropom, ki so ga podpirali
izklesani stebri. Všeč jim je bil tudi razgled z vežic,
otroci pa so se odlično zabavali ob tekanju po okolici.
Ko so končali z raziskovanjem gradu, je **sonce** začelo
zahajati in obžalovali so, da s seboj niso vzeli **svetilke**.
Odločili so se, da se bodo vrnili do vhoda, vendar so
se kmalu izgubili. Hodila sta naokrog, kot da bi se jima
zdelo več ur, dokler nista končno naletela na vrata, ki so
vodila ven. Nadaljevala sta, dokler nista prišla **na** konec
hodnika in se znašla pred impozantnimi dvojnimi vrati.
Ko sta se trudila, se vrata niso premaknila. **Zloveše so**
zadrgetala, vendar se niso premaknila niti za milimeter.

Le château

La famille avait toujours voulu visiter un vieux château en **Allemagne**, et elle a finalement fait le voyage. Ils n'ont pas été **déçus**. Le château était magnifique, et ils ont pris plaisir à explorer ses nombreuses pièces et couloirs. La première chose qui les frappe est l'odeur. Ils ont trouvé de la **moisissure**, de l'humidité et quelque chose d'autre qu'ils n'ont pas réussi à identifier. La deuxième chose a été le son. Les murs de pierre sont épais, mais ils n'étouffent pas complètement le son. Ils ont entendu chaque pas, chaque mot prononcé d'une voix normale, et le goutte-à-goutte occasionnel de l'eau **quelque part** au loin. Lorsque leurs yeux se sont adaptés à la faible lumière, ils ont vu des murs de pierre massifs se dresser tout autour d'eux, des tapisseries en **lambeaux y étant** suspendues. Ils se tenaient dans un immense hall avec un haut plafond soutenu par des piliers sculptés. Ils ont également aimé les vues depuis les tourelles, et les enfants ont eu beaucoup de plaisir à courir dans le parc. Le **soleil** avait commencé à se coucher lorsqu'ils ont fini d'explorer le château, et ils ont regretté de ne pas avoir apporté de **lampe de poche**. Ils ont décidé de retourner à l'entrée, mais ils se sont vite perdus. Ils errent pendant des heures, jusqu'à ce qu'ils trouvent enfin une porte qui mène à l'extérieur. Ils ont continué jusqu'à ce qu'ils **atteignent le** bout du

Videti je bilo, da je moral tisti, ki je bil tu prej, iti skozi ta vrata in jih od znotraj zakleniti. Nazadnje sta našla izhod. Ko sta stopila na hladen nočni zrak, ju je oblilo olajšanje.

Sonce je začelo zahajati in **obžalovala** sta**, da** nista vzela svetilke. Odločila sta se, da se bosta vrnila do vhoda, vendar sta se kmalu izgubila. Več ur sta tavala naokoli, dokler nista končno naletela na vrata, ki so vodila **ven**. Ko sta stopila ven na hladen nočni zrak, ju je oblilo olajšanje. Naslednji večer sta s seboj vzela svetilko, ko sta raziskovala preostali del gradu. Sprehodila sta se po **dvorišču** in se spustila do reke, ki je tekla za **grajskim** obzidjem. Med hojo sta začela slišati čudne zvoke. Zdelo se je, kot da jim nekdo sledi. Pospešila sta korak, vendar so bili zvoki vedno glasnejši in bližje. Družina je stekla nazaj v grad, kolikor je le mogla, in z olajšanjem ugotovila, da jim lik v **temnem** plašču ni sledil.

couloir et arrivent à une imposante série de doubles portes. Ils ont beau essayer, les portes ne bougent pas. Elles cliquettent **sinistrement** mais ne bougent pas d'un pouce. On dirait que celui qui était ici avant a dû passer par là et les verrouiller de l'intérieur. Finalement, ils ont trouvé un moyen de sortir. Le soulagement les envahit alors qu'ils sortent dans l'air frais de la nuit.

Le soleil avait commencé à se coucher, et ils **regrettaient de ne pas avoir** apporté de lampe de poche. Ils ont décidé de retourner à l'entrée, mais ils se sont vite perdus. Ils ont erré pendant ce qui leur a semblé être des heures, jusqu'à ce qu'ils trouvent enfin une porte qui menait à **l'extérieur**. Le soulagement les a envahis alors qu'ils sortaient dans l'air frais de la nuit. Le lendemain soir, ils ont pris soin d'emporter une lampe de poche pour explorer le reste du château. Ils ont traversé la **cour** et sont descendus jusqu'à la rivière qui coulait derrière les murs du **château**. Alors qu'ils se promenaient, ils ont commencé à entendre des bruits étranges. On aurait dit que quelqu'un les suivait. Ils accélèrent le pas, mais les bruits deviennent plus forts et plus proches. Les membres de la famille courent vers le château aussi vite qu'ils le peuvent, et ils sont soulagés de voir que la silhouette au manteau **sombre** ne les a pas suivis.

Vprašanja za razumevanje

1. Kaj je storila družina, ko se je izgubila v gradu?

2. Kako se je počutila družina, ko je izvedela, da je bil to le domačin?

3. Kaj je storil moški, da so ga aretirali?

4. Kakšna je bila kazen za tega človeka?

5. Kakšen hrup je družina slišala med hojo?

6. Kje je bil lik v temnem plašču, ko ga je družina zagledala?

7. Kaj je družina naredila, ko se je vrnila v svojo sobo?

8. Kdaj se je družina spet odpravila na ogled gradu?

9. Kaj je bilo tisto, česar družina ni mogla ugotoviti?

10. Kaj je družina počela, preden se je ponovno odpravila na raziskovanje gradu?

Questions de compréhension

1. Qu'a fait la famille lorsqu'elle s'est perdue dans le château ?

2. Comment la famille s'est-elle sentie quand elle a découvert que c'était juste un homme du coin ?

3. Qu'a fait l'homme qui a été arrêté ?

4. Quelle a été la sentence pour cet homme ?

5. Quel bruit la famille a-t-elle entendu pendant qu'elle marchait ?

6. Où était le personnage au manteau sombre quand la famille l'a vu ?

7. Qu'a fait la famille en rentrant dans sa chambre ?

8. Quand la famille est-elle repartie explorer le château ?

9. Quelle était la chose sur laquelle la famille n'arrivait pas à mettre le doigt ?

10. Qu'a fait la famille avant de retourner explorer le château ?

Moj vrt

Moj vrt je moj srečni kraj. Vsak dan grem tja, naj bo dež ali sonce, in se posvečam svojim rastlinam. Imam malo **vsega - zelenjave,** sadja, cvetja, zelišč. Imam celo nekaj piščancev, ki pomagajo preprečevati škodljivce. Dneve na vrtu začnem z zbiranjem jajc od kokoši. Nato pregledam zelenjavo in poskrbim, da ima dovolj vode in sonca. Gredice opleveljam in odstranim vse hrošče, ki morda **napadajo** rastline. Ko je za **vse poskrbljeno,** se usedem in uživam v miru in tišini narave.

Že od nekdaj rada preživljam čas na vrtu. Nekaj je v tem, da ste obkroženi z naravo in vsemi **lepotami, ki jih** ponuja. Zame je to zelo miren in pomirjujoč kraj. Na vrtu pogosto preživljam čas, ko se sproščam in uživam v pokrajini. Uživam tudi v delu na vrtu in gojenju. Imam precej velik vrt in na njem rad gojim **različne** stvari. Gojim rože, **zelenjavo** in zelišča. Imam tudi nekaj sadnih dreves, ki rodijo okusna jabolka, hruške in slive. Poleg gojenja stvari se rad sprehajam po vrtu in **občudujem** različne rastline in živali, ki so na njem doma. V preteklih letih sem preživel veliko ur, da sem svoj **vrt spremenil** v kraj, ki ni le lep, ampak tudi funkcionalen. Rada opazujem ptice, ki se spreletavajo naokoli, in poslušam njihovo petje. Včasih celo prinesem knjigo in berem na vrtu, medtem ko me

Mon jardin

Mon jardin est mon coin de paradis. J'y vais tous les jours, qu'il pleuve ou qu'il vente, et je passe du temps à m'occuper de mes plantes. J'ai un peu de **tout :** **légumes**, fruits, fleurs, herbes. J'ai même quelques poules qui m'aident à tenir les parasites à distance. Je commence mes journées dans le jardin en ramassant les œufs des poules. Puis je vérifie que mes légumes reçoivent suffisamment d'eau et de soleil. Je désherbe les plates-bandes et j'élimine les insectes qui pourraient **attaquer** les plantes. Une fois que **tout est** fait, je m'assois et je profite de la paix et du calme de la nature.

J'ai toujours aimé passer du temps dans mon jardin. Il y a quelque chose dans le fait d'être entouré par la nature et toute la **beauté qu**'elle a à offrir. Je trouve que c'est un endroit très paisible et apaisant. Je passe souvent du temps dans mon jardin à me détendre et à profiter du paysage. J'aime aussi travailler dans mon jardin et faire pousser des choses. J'ai un jardin d'assez bonne taille et j'aime y faire pousser toutes **sortes** de choses. Je fais pousser des fleurs, des **légumes** et des herbes aromatiques. J'ai aussi quelques arbres fruitiers qui produisent de délicieuses pommes, poires et prunes. En plus de faire pousser des choses, j'aime aussi passer du temps à me promener dans mon jardin,

obdaja vsa lepota, ki sem jo ustvaril. **Vrtnarjenje** je moja strast in mi prinaša toliko veselja. Vsak dan na mojem vrtu je dober dan.

Rada kuham, zato mi je dobro založen zeliščni vrt zelo **pomemben.** Timijan, bazilika, origano, rožmarin, žajbelj in sivka so le nekatera od zelišč, ki jih rada gojim na svojem vrtu, da jih lahko uporabljam pri pripravi jedi zase ali za **goste.** Druga stvar, ki mi je pomembna pri urejanju vrta, je, da poskrbim za veliko barv na vrtu. Da bi to dosegel, gojim veliko različnih cvetlic, vključno z **vrtnicami**, lilijami, marjeticami, tulipani, impatiensi, ognjičem itd. Poleg tega, da s cvetjem dodajam barvo, na vrtu rad dodajam tudi zanimivost z uporabo različnih **tekstur. Na** primer, pod visokimi sončnicami lahko posadim praproti ali hoste **ob** ostrolistnih okrasnih travah. Ne glede na to, kaj se mi v življenju dogaja, mi delo na vrtu vedno pomaga, da se počutim bolj povezanega z naravo in pomirjenega s seboj.

à **admirer** toutes les plantes et tous les animaux qui y vivent. J'ai passé de nombreuses heures au fil des ans à faire de mon **jardin** un endroit non seulement beau mais aussi fonctionnel. J'aime regarder les oiseaux voltiger et les écouter chanter. Parfois, je sors même un livre et je lis dans le jardin, entourée de toute la beauté que j'ai créée. Le **jardinage** est ma passion et il m'apporte tant de joie. Chaque jour dans mon jardin est un bon jour.

L'une des choses que j'aime faire, c'est cuisiner. Il est donc très **important pour moi d'**avoir un jardin d'herbes aromatiques bien garni. Le thym, le basilic, l'origan, le romarin, la sauge et la lavande sont quelques-unes des herbes que j'aime faire pousser dans mon jardin pour pouvoir les utiliser lorsque je prépare des repas pour moi ou pour mes **invités**. Une autre chose qui est importante pour moi quand il s'agit de mon jardin, c'est de m'assurer qu'il y a beaucoup de couleurs dans tout le jardin. Pour atteindre cet objectif, je cultive une grande variété de fleurs, notamment des **roses**, des lys, des marguerites, des tulipes, des impatiens, des soucis, etc. En plus d'ajouter de la couleur avec les fleurs, j'aime aussi ajouter de l'intérêt en utilisant différentes **textures** dans le jardin. Par exemple, je peux planter des fougères sous des tournesols imposants ou des hostas à **côté de** graminées ornementales hérissées.

Vprašanja za razumevanje

1. Kje je avtorjev vrt?

2. Koliko piščancev ima avtor?

3. Kaj avtor vsak dan počne na vrtu?

4. Zakaj je avtorju všeč vrt?

5. Katera zelišča avtor posadi na vrtu?

6. Zakaj je avtorju pomembno, da je na njegovem vrtu veliko barv?

7. Kako avtor popestri svoj vrt?

8. Kako se počuti avtor, ko dela na svojem vrtu?

9. Zaradi česa se avtor počuti povezanega, ko je na svojem vrtu?

10. zakaj je vsak dan na avtorjevem vrtu dober dan?

Questions de compréhension

1. Où se trouve le jardin de l'auteur ?

2. Combien de poulets l'auteur possède-t-il ?

3. Que fait l'auteur dans le jardin tous les jours ?

4. Pourquoi l'auteur aime-t-il le jardin ?

5. Quelles herbes l'auteur plante-t-il dans le jardin ?

6. Pourquoi est-il important pour l'auteur qu'il y ait beaucoup de couleurs dans son jardin ?

7. Comment l'auteur apporte-t-il de la variété à son jardin?

8. Que ressent l'auteur lorsqu'il travaille dans son jardin?

9. Qu'est-ce qui fait que l'auteur se sent connecté quand il est dans son jardin ?

10. Pourquoi chaque jour dans le jardin de l'auteur est-il un bon jour ?

Nakupovanje

Rada **nakupujem** v nakupovalnem središču. Vedno je tako zabavno hoditi naokoli in si ogledovati različne trgovine. V nakupovalnem središču se najde nekaj za vsakogar, poleg tega pa je to vedno odličen kraj za iskanje ugodnih nakupov oblačil, čevljev in dodatkov. Nakupovanje **običajno** začnem tako, da grem skozi glavni **vhod v** nakupovalno središče. Od tam se najprej odpravim v svoje najljubše trgovine. Ko si ogledam te trgovine, se sprehodim naokoli in preverim, ali se na drugih mestih odvijajo razprodaje. Običajno v nakupovalnem središču preživim nekaj ur, preden končno opravim svoje nakupe. Pri nakupovanju si vedno rad vzamem čas, **saj** se želim prepričati, da bom dobil **točno** to, kar želim. Poleg tega je tako bolj zabavno!

Vedno se mi zdi zelo **zanimivo** opazovati ljudi, ko sem v nakupovalnem središču. Po načinu nakupovanja lahko res veliko poveš o človeku. Nekateri so zelo metodični in si vzamejo čas, za druge pa se zdi, da pograbijo **vse, kar** lahko, in se čim hitreje odpravijo na blagajno. Obstajajo tudi tisti kupci, za katere se zdi, da jih bolj zanima pogovarjanje po mobilnih telefonih ali pisanje sporočil, kot pa da bi si dejansko ogledovali blago! Ne glede na to, kakšne vrste nakupovalec ste,

Faire du shopping

J'adore aller **faire du shopping** au centre commercial.
C'est toujours très amusant de se promener et de
regarder tous les différents magasins. Il y en a pour
tous les goûts au centre commercial et c'est toujours
l'endroit idéal pour faire des affaires sur les vêtements,
les chaussures et les accessoires. Je commence
généralement mon shopping en passant par l'**entrée**
principale du centre commercial. De là, je me dirige
d'abord vers mes magasins préférés. Après avoir
fait le tour de ces magasins, je me promène pour
voir s'il y a des soldes dans d'autres endroits. Je
finis généralement par passer quelques heures dans
le centre commercial avant de faire mes achats.
J'aime toujours prendre mon temps lorsque je fais du
shopping, **car** je veux être sûre d'obtenir **exactement**
ce que je veux. En plus, c'est plus amusant comme ça !

Je trouve toujours **fascinant** d'observer les gens
quand je suis au centre commercial. On peut vraiment
en apprendre beaucoup sur une personne par sa
façon de faire ses courses. Certaines personnes sont
très méthodiques et prennent leur temps, tandis que
d'autres semblent prendre **tout ce qu'**elles peuvent
et se diriger vers la caisse aussi vite que possible. Il
y a aussi les acheteurs qui semblent plus intéressés

se zdi, da vsi uživajo v nakupovanju izložb - tudi če dejansko ničesar ne kupijo. Nekaj je v tem, da gledam vse lepe stvari v **izložbah, kar** me osrečuje. Včasih fantaziram o tem, kako bi bilo, če bi si lahko privoščila **vse, kar** vidim! Na splošno je celodnevno nakupovanje v nakupovalnem središču ena mojih najljubših zabav. To je odličen način za sprostitev in oddih, hkrati pa se tudi malo razgibam (če se dovolj sprehodim). Poleg tega si je **vedno** lepo privoščiti novo majico ali par čevljev!

Po dolgem dnevu v službi sem imela končno nekaj prostega časa, zato sem se odločila, da grem po nakupih v nakupovalni center. Za **prihajajočo** sezono sem potrebovala nekaj novih oblačil. Takoj ko sem vstopila, sem zagledala vse svetle luči in bleščeče izložbe. Najprej sem se odpravila v svojo najljubšo trgovino in začela brskati po stojalih. Našla sem nekaj lepih majic in jih pomerila v garderobi. Ko sem se gledala v ogledalu, sem zaslišala, da nekdo prihaja v sosednjo garderobo. V njegovem glasu sem prepoznala sodelavca.

à parler au téléphone portable ou à envoyer des SMS qu'à regarder la marchandise ! Quel que soit le type d'acheteur, tout le monde semble apprécier le lèche-vitrine, même si vous n'achetez rien. Il y a quelque chose qui me rend heureuse dans le fait de regarder toutes ces jolies choses dans les **vitrines des magasins**. Parfois, je m'imagine comment ce serait si je pouvais m'offrir **tout ce que** je vois ! En fin de compte, passer une journée à faire du shopping au centre commercial est l'un de mes passe-temps favoris. C'est un excellent moyen de se détendre et de se relaxer tout en faisant un peu d'exercice (si vous marchez suffisamment). Et puis, c'est **toujours** agréable de s'offrir une nouvelle chemise ou une nouvelle paire de chaussures de temps en temps !

J'ai eu une **longue** journée de travail et j'ai enfin eu du temps pour moi, alors j'ai décidé d'aller faire du shopping au centre commercial. J'avais besoin de nouveaux vêtements pour la saison **à venir**. Dès que je suis entrée, j'ai vu toutes les lumières vives et les façades brillantes des magasins. Je me suis dirigée vers mon magasin préféré en premier et j'ai commencé à parcourir les rayons. J'ai trouvé quelques jolis hauts et les ai essayés dans la cabine d'essayage. Alors que je me regardais dans le miroir, j'ai entendu quelqu'un entrer dans la cabine d'**essayage** à côté de la mienne. J'ai reconnu sa voix comme étant celle d'un de mes collègues de travail.

Vprašanja za razumevanje

1. Kje najraje shranjujete?

2. Katera je vaša najljubša trgovina v nakupovalnem središču?

3. Kako dolgo se običajno zadržujete v nakupovalnem središču?

4. Kaj menite o ljudeh, ki veliko časa preživijo v nakupovalnem središču?

5. Kaj najraje počnete v nakupovalnem središču?

6. Ste v nakupovalnem središču kdaj kupili nekaj, česar v resnici niste potrebovali?

7. Kako se odzovete, ko v nakupovalnem središču vidite nekaj, kar bi vam bilo zelo všeč, vendar je predrago?

8. Ste kdaj v nakupovalnem središču videli nekaj in se spraševali, kdo bi to kupil?

9. Kakšno je vaše mnenje o ljudeh, ki se v nakupovalnem središču ukvarjajo s svojimi mobilnimi telefoni, namesto da bi si ogledovali trgovine?

Questions de compréhension

1. Où aimez-vous le plus stocker ?

2. Quel est votre magasin préféré dans le centre commercial ?

3. Combien de temps restez-vous habituellement au centre commercial ?

4. Que pensez-vous des personnes qui passent beaucoup de temps au centre commercial ?

5. Quelle est votre activité préférée au centre commercial ?

6. Avez-vous déjà acheté quelque chose au centre commercial alors que vous n'en aviez pas vraiment besoin ?

7. Comment réagissez-vous lorsque vous voyez au centre commercial un article que vous aimeriez vraiment, mais qui est trop cher ?

8. Avez-vous déjà vu quelque chose au centre commercial en vous demandant qui l'achèterait ?

9. Que pensez-vous des personnes qui sont occupées avec leur téléphone portable dans les centres commerciaux au lieu de regarder les magasins ?

Na trgu

V soboto zjutraj vstanem zgodaj, da bi prišel na **tržnico,** preden bo tam preveč ljudi. Oblečem se in se odpravim skozi vrata ter na poti vzamem vrečke za večkratno uporabo. Med hojo začnem načrtovati, kaj bom pripravila za prihodnji teden. Vem, da želim vsaj enkrat **speči** zelenjavo, zato bom morala kupiti nekaj kakovostne zelenjave. Prav tako želim pripraviti juho ali enolončnico, zato bom moral kupiti tudi nekaj mesa. Ko pridem tja, bom videl, kaj je videti dobro. Tržnica je le nekaj ulic stran in že vidim postavljene stojnice in **ljudi, ki** se vrtijo okoli nje.

Ko pridem na tržnico, se odpravim naravnost na stojnico z zelenjavo. Izbira je čudovita in vrečke napolnim z različnimi **svežimi** pridelki. Nekaj časa klepetam s kmetom, ki mi priporoči nekaj receptov. Z veseljem jih preizkusim. Med nakupovanjem se pogovarjam s **kmeti, spoznavam** jih in njihove izdelke. Ko imam vso zelenjavo, ki jo potrebujem, preidem na oddelek z mesom. Tu sem nekoliko bolj zadržan, saj nisem prepričan, kaj bi rad kupil. Na koncu se odločim za piščanca, ker je vsestranski in se lahko uporablja v različnih jedeh. Kupim tudi nekaj različnih kosov mesa, pri čemer pazim, da kupim govedino, krmljeno s travo, in **piščanca iz** proste reje. Mesar je bil prijazen človek,

Au marché

Je me réveille tôt le samedi matin, impatiente de me rendre au **marché** avant qu'il ne soit trop fréquenté. Je m'habille et je sors, en prenant mes sacs réutilisables en chemin. En marchant, je commence à planifier ce que je veux faire pour la semaine à venir. Je sais que je veux faire **rôtir des** légumes au moins une fois, donc je vais devoir acheter des légumes de bonne qualité. Je veux aussi faire une soupe ou un ragoût, et je vais donc devoir acheter de la viande. Je verrai bien ce qui me semble bon quand je serai sur place. Le marché n'est qu'à quelques rues d'ici, et je vois déjà les étals installés et les **gens qui** s'agitent.

J'arrive au marché et me dirige directement vers le stand des légumes. La sélection est magnifique, et je remplis mes sacs d'une variété de produits **frais**. Je discute un peu avec le fermier et il me recommande quelques recettes. J'ai hâte de les essayer. Je discute avec les **agriculteurs** pendant que je fais mes courses, pour apprendre à les connaître et à connaître leurs produits. Après avoir acheté tous les légumes dont j'ai besoin, je passe à la section des viandes. Je suis un peu plus hésitante, car je ne suis pas sûre de ce que je veux acheter. J'opte finalement pour du poulet, car il est polyvalent et peut être utilisé dans de nombreux plats. J'achète également quelques morceaux de

ki je bil kljub dolgemu delovniku vedno vesel. Zavil je moje piščančje prsi in zrezek, nato pa se je z mano pogovarjal o svojih načrtih za konec tedna. Poslovil sem se od njega in nadaljeval pot. Na oddelku z mlečnimi izdelki sem vzel tudi nekaj jajc in sira.

Na tržnici je bilo živahno, saj so vsi hrepeneli po svežih pridelkih in mesu, **ki so jih ponujali.** Zrak je dišal po česnu in čebuli, v zraku pa je bilo slišati smeh in pogovor. Prebil sem se skozi množico in izbral druge stvari, ki sem jih potreboval za tedenski nakup. Napolnila sem **košarico s** sadjem in zelenjavo, testeninami in kruhom, preden sem se odpravila do blagajne. Vrsta je bila dolga, vendar se je hitro premikala. Končno sem kupila še zadnja **živila in** čas je bil za odhod domov. Avto je bil naložen in vožnja domov je bila dolga in naporna. Promet je bil gost in vročina je bila utesnjujoča. Končno je avto zapeljal na dovoz in olajšanje je bilo čutiti. Hiša je bila hladna in tiha, po **vrvežu na** tržnici pa je bila kot zatočišče. Vse je bilo pospravljeno in v hiši je kmalu spet vladal običajni mir in tišina. Imela sem vse, kar sem potrebovala za pripravo **okusnih** obrokov zase in za svojo družino. Dobro je bilo biti doma.

viande différents, en veillant à prendre du bœuf nourri à l'herbe et du **poulet** élevé en plein air. Le boucher est un homme sympathique, toujours de bonne humeur malgré ses longues heures de travail. Il a emballé mes blancs de poulet et mon steak avant de me parler de ses projets pour le week-end. Je lui ai dit au revoir et j'ai continué mon chemin. J'ai également acheté des œufs et du fromage au rayon produits laitiers.

Le marché grouille de gens, tous impatients de mettre la **main sur les** produits frais et la viande proposés. L'odeur de l'ail et des oignons flottait dans l'air, et le son des rires et des conversations était omniprésent. Je me suis frayé un chemin dans la foule, en choisissant les autres articles dont j'avais besoin pour mes courses de la semaine. J'ai rempli mon **panier** de fruits et légumes, de pâtes et de pain, avant de me diriger vers la caisse. La file d'attente est longue, mais elle avance rapidement. Enfin, j'ai acheté les dernières **provisions et il est** temps de rentrer à la maison. La voiture est chargée, et le chemin du retour est long et fastidieux. La circulation est dense et la chaleur est accablante. Enfin, la voiture se gare dans l'allée et le soulagement est palpable. La maison était fraîche et calme, et c'était un havre de paix après l'**agitation** du marché. Tout a été rangé, et la maison a rapidement retrouvé sa tranquillité habituelle. J'avais tout ce dont j'avais besoin pour préparer de **délicieux** repas pour moi et pour ma famille. C'était bon d'être chez soi.

Vprašanja za razumevanje

1. Kam gre oseba?

2. Kaj želi oseba kupiti?

3. Koliko vrečk ima oseba?

4. Kako daleč je tržnica?

5. Kaj oseba počne zdaj?

6. Kaj vse je na trgu?

7. Koliko ljudi je na trgu?

8. Koliko časa je oseba potrebovala, da je vse kupila?

9. Kako je oseba odšla domov?

10. Kaj je oseba naredila, ko je prišla domov?

Questions de compréhension

1. Où va la personne ?

2. Que veut acheter la personne ?

3. Combien de sacs la personne possède-t-elle ?

4. A quelle distance se trouve le marché ?

5. Que fait la personne en ce moment ?

6. Que se passe-t-il sur le marché ?

7. Combien y a-t-il de personnes sur le marché ?

8. Combien de temps a-t-il fallu à la personne pour tout acheter ?

9. Comment la personne est-elle rentrée chez elle ?

10. Qu'a fait la personne en rentrant chez elle ?

V kavarni

Bilo je hladno **jesensko** jutro in s prijateljico Lily sem se dogovorila za kavo v najini najljubši kavarni. Toplo sem se zavila v plašč in šal ter se odpravila na pot. Listje je padalo z dreves in v zraku je bilo čutiti pripeko, vendar je sijalo sonce in obetalo se je, da bo lep dan. Med hojo sem **razmišljala** o tem, kako dobro je imeti prijateljico, kot je Lily. Bili sva prijateljici že leta, vse odkar sva se spoznali na **univerzi**. Družila sva se zaradi ljubezni do kave in druženja v kavarnah. Čeprav sva zdaj živeli v različnih delih mesta, sva se še vedno enkrat na teden srečevali na kavi. Ko sem prišel v kavarno, me je tam že čakala Lily. Objeli sva se v pozdrav in naročili kavi. Poiskali sva mizo ob oknu in se usedli za klepet. **Kava** je bila kot vedno odlična in bilo je zelo lepo, da sem se družila z Lily. Pogovarjala sva se o tednu, službi in načrtih za prihodnost. Z Lily se je bilo vedno tako lahko pogovarjati in zdelo se mi je, da ji lahko povem vse. Čez nekaj časa sva začeli biti lačni in **odločili sva se, da** bova naročili nekaj hrane.

Naročili smo hrano in si poiskali sedež ob oknu. Skozi okno je sijalo sonce in vse je bilo toplo in veselo. Med jedjo sva se pogovarjala in uživala v preprostem užitku, da sva v **družbi drug drugega**. Kavarna je bila polna ljudi, vendar se ni zdelo, da bi bila gneča. V zraku je

Dans un café

C'était un matin d'**automne** frisquet, et j'avais donné rendez-vous à mon amie Lily dans notre café préféré pour prendre un café. Je me suis enveloppée chaudement dans mon manteau et mon écharpe et je suis partie. Les feuilles tombaient des arbres et l'air était glacial, mais le soleil brillait et la journée promettait d'être magnifique. Tout en marchant, j'ai **pensé** à quel point c'était bien d'avoir une amie comme Lily. Nous étions amies depuis des années, depuis notre rencontre à l'**université**. Nous nous sommes liées par notre amour du café et du temps passé à discuter dans les cafés. Même si nous vivions dans des quartiers différents de la ville, nous nous retrouvions pour prendre un café une fois par semaine. Je suis arrivé au café, et Lily était déjà là, à m'attendre. Nous nous sommes embrassées et avons commandé nos cafés. Nous avons trouvé une table près de la fenêtre et nous nous sommes installées pour discuter. Le **café** était délicieux, comme toujours, et c'était si agréable de rattraper le temps perdu avec Lily. Nous avons parlé de notre semaine, de nos emplois et de nos projets pour l'avenir. C'était toujours si facile de parler à Lily, et j'avais l'impression que je pouvais tout lui dire. Après un moment, nous avons commencé à avoir faim et **avons décidé** de commander de la nourriture.

bilo čutiti mir in zadovoljstvo. Ko sva končala s hrano, sva še nekaj časa sedela in uživala v mirnem **vzdušju**. Nekaj časa smo se pogovarjali o različnih stvareh, ki so se dogajale v naših življenjih. Bilo je zelo prijetno, da sva se s prijateljico ujeli in **se sprostili**. Skozi okno je sijalo sonce in zdelo se je, da **nič ne more** pokvariti najinega popolnega dne.

Nenadoma sem zaslišal glasen trk. Obrnil sem se in videl, da je moški padel skozi strop in ležal na tleh pred nami. **Pokrit je** bil s prahom in ruševinami in zdelo se je, da je nezavesten. S prijateljico sva bili v šoku, ko sva gledali moškega, ki je ležal na tleh. Nisva vedela, kaj naj storiva in koga naj pokličeva na pomoč. Samo sedela sva in ga gledala, ne da bi vedela, kaj naj storiva. Po nekaj minutah sem se prebudila in poklicala policijo. Operater mi je rekel, da bo nekdo kmalu prišel. Položil sem slušalko in prijatelju povedal, kaj je rekel **operater.**

Nous avons **commandé notre** nourriture et trouvé un siège près de la fenêtre. Le soleil brillait à travers la fenêtre, rendant le tout chaleureux et joyeux. Nous avons bavardé en mangeant, appréciant le simple plaisir d'être en **compagnie de l'autre**. Le café était occupé, mais il n'y avait pas de foule. Il y avait un sentiment de paix et de satisfaction dans l'air. Après avoir terminé notre repas, nous sommes restés assis un moment de plus, profitant de l'**atmosphère** paisible. Nous avons parlé pendant un moment de différentes choses qui avaient eu lieu dans nos vies. C'était si agréable de rattraper le temps perdu avec mon ami et de **se détendre**. Le soleil brillait à travers la fenêtre, et c'était comme si **rien ne** pouvait gâcher notre journée parfaite.

Soudain, j'ai entendu un grand fracas. Je me suis retourné pour voir qu'un homme avait traversé le plafond et gisait sur le sol devant nous. Il était **couvert** de poussière et de débris et semblait être inconscient. Mon ami et moi étions tous deux sous le choc en regardant l'homme allongé sur le sol. Nous ne savions pas quoi faire ni qui appeler à l'aide. Nous sommes restés assis là, à le regarder, sans savoir quoi faire. Après quelques minutes, je me suis ressaisie et j'ai appelé le 911. L'opérateur m'a dit que quelqu'un arriverait bientôt. J'ai raccroché le téléphone et j'ai raconté à mon ami ce que l'**opérateur avait** dit.

Vprašanja za razumevanje

1. Od kod pride človek, ki pade skozi streho?

2. Zakaj je ženska s prijateljico v kavarni?

3. Katera je najljubša kavarna prijateljev?

4. Kako dolgo se prijatelja poznata?

5. Katera je najljubša pijača obeh prijateljev?

6. V katerem mestu živita prijatelja?

7. Kako pogosto se prijatelja srečujeta?

8. O čem se prijatelja pogovarjata, ko se prvič srečata v svoji najljubši kavarni?

9. Katera je najljubša hrana obeh prijateljev?

10. Zakaj je tako lahko govoriti z Lily?

Questions de compréhension

1. D'où vient l'homme qui tombe à travers le toit ?

2. Pourquoi la femme est-elle avec son ami dans le café ?

3. Quel est le café préféré des deux amis ?

4. Depuis combien de temps les deux amis se connaissent-ils ?

5. Quelle est la boisson préférée des deux amis ?

6. Dans quelle ville vivent les deux amis ?

7. Combien de fois les deux amis se rencontrent-ils ?

8. De quoi parlent les deux amis lorsqu'ils se rencontrent pour la première fois dans leur café préféré ?

9. Quel est le plat préféré des deux amis ?

10. Pourquoi c'est si facile de parler à Lily ?

Plavanje

Bazen je bil vedno **osvežujoč** kraj in tudi danes ni bilo nič drugače. Sonce je sijalo in voda je bila videti vabljiva. Globoko sem vdihnil in se potopil ter začutil hladen objem vode. Nekaj časa sem plavala na krogih, uživala v gibanju in možnosti, da si zbistrim glavo. Čez nekaj časa sem izstopil iz vode, se osušil in se usedel na brisačo, da bi se sprostil na soncu. Zaprla sem oči in se prepustila **toploti ter** začutila, kako se mi mišice sproščajo. Nenadoma sem zaslišala pljuskanje, odprla oči in zagledala svojo mlajšo sestro, ki je **veslala v** plitvini. Nasmehnila sem se in jo nekaj časa opazovala, nato pa sem vstala in šla do nje. Nekaj časa sva klepetali in veslali skupaj ter uživali v družbi druga druge. Kmalu so se nam pridružili tudi starši in preostanek popoldneva smo preživeli v skupnem plavanju in igranju iger. Vedno je bilo tako lepo preživeti čas z družino v bazenu. Zdi se, da je v vodi **nekaj, kar** ljudi zbliža. Morda zato, ker smo v vodi vsi enaki - ne moremo skrivati svojih pomanjkljivosti ali se pretvarjati, da smo nekaj, kar nismo. Morda pa je to preprosto zato, ker je zabavno! **Ne glede na** razlog sem bil vesel, da smo se lahko vsi zbrali in uživali v družbi drug drugega na tako posebnem kraju.

Sonce me je žgalo v kožo in v zraku je bilo čutiti vonj

Aller nager

La piscine était toujours un endroit **rafraîchissant**, et aujourd'hui n'était pas différent. Le soleil brillait et l'eau semblait invitante. J'ai pris une profonde inspiration et j'ai plongé, sentant l'étreinte fraîche de l'eau. J'ai fait des longueurs pendant un moment, appréciant l'exercice et la possibilité de me vider la tête. Au bout d'un moment, je suis sorti et me suis séché, puis je me suis assis sur une serviette pour me détendre au soleil. J'ai fermé les yeux et laissé la **chaleur** m'envahir, sentant mes muscles se détendre. Soudain, j'ai entendu une éclaboussure et j'ai ouvert les yeux pour voir ma petite sœur **pagayer dans la** partie peu profonde. J'ai souri et je l'ai regardée pendant un moment, puis je me suis levée et je suis allée vers elle. Nous avons bavardé un peu et pataugé ensemble, appréciant la compagnie de l'autre. Nos parents nous ont bientôt rejoints et nous avons passé le reste de l'après-midi à nager et à jouer ensemble. C'était toujours très agréable de passer du temps avec la famille à la piscine. Il y a **quelque chose** dans le fait d'être dans l'eau qui semble rassembler les gens. Peut-être est-ce parce que nous sommes tous égaux lorsque nous sommes dans l'eau - nous ne pouvons pas cacher nos défauts ou prétendre être ce que nous ne sommes pas. Ou peut-être est-ce simplement parce que c'est amusant ! **Quelle que soit la** raison, j'étais simplement heureuse que nous

po kloru. Slišal sem zvoke otrok, ki so se smejali in čofotali v bazenu. Ležala sem na ležalniku ob bazenu, se sončila in **uživala v** dnevu. Imela sem zaprte oči in ravno sem hotela zaspati, ko sem zaslišala, da nekdo hodi do mene. Odprla sem oči in zagledala žensko, ki je stala poleg mene. Oblečena je bila v bikini in okoli pasu je imela ovito brisačo. Imela je dolge svetle lase in modre oči. V roki je držala stekleničko **kreme za sončenje.** "Ali imaš kaj proti, če ti namažem hrbet s kremo za sončenje?" je vprašala. "Ne, v redu," sem rekel in se usedel, da mi je lahko dosegla hrbet. Ko je nanesla kremo za sončenje, sem na svoji koži začutil njene roke.

Njen dotik je bil nežen, vonj kreme za sončenje pa blagodejen. Spet sem zaprl oči in se sprostil. Slišal sem **zvok** njenega premikanja, vendar nisem odprl oči. Zadovoljen sem bil, da sem le ležal na soncu in poslušal zvok valov, ki so **se razbijali** ob obalo. Po nekaj minutah je odšla in odprl sem oči. Opazoval sem jo, kako se je vrnila k svojemu ležalniku in vzela knjigo.

puissions tous nous réunir et profiter de la compagnie des autres dans un endroit aussi spécial.

Le soleil tapait sur ma peau et l'odeur du chlore flottait dans l'air. J'entendais le bruit des enfants qui riaient et barbotaient dans la piscine. J'étais allongée sur une chaise **longue près de la** piscine, profitant du soleil et **de la** journée. J'avais les yeux fermés et j'étais sur le point de m'endormir lorsque j'ai entendu quelqu'un s'approcher de moi. J'ai ouvert les yeux et j'ai vu une femme debout à côté de moi. Elle portait un bikini et avait une serviette enroulée autour de sa taille. Elle avait de longs cheveux blonds et des yeux bleus. Elle tenait une bouteille de **crème solaire** dans sa main. "Ça te dérange si je mets de la crème solaire sur ton dos ?" a-t-elle demandé. "Non, ça va", ai-je répondu, en me redressant pour qu'elle puisse atteindre mon dos. J'ai senti ses mains sur ma peau alors qu'elle appliquait la crème solaire.

Son toucher était doux et l'odeur de la crème solaire était apaisante. J'ai fermé les yeux à nouveau et me suis laissé aller à la détente. Je pouvais entendre le **bruit** de ses mouvements, mais je n'ai pas ouvert les yeux. Je me contentais de rester allongé au soleil, en écoutant le bruit des vagues qui **s'écrasaient** sur le rivage. Après quelques minutes, elle s'est éloignée, et j'ai ouvert les yeux. Je l'ai regardée retourner vers sa chaise longue et prendre son livre.

Vprašanja za razumevanje

1. Kje je bil pripovedovalec na začetku zgodbe?

2. Kaj začuti pripovedovalec, ko odpre oči?

3. Kaj sliši pripovedovalec, ko odpre oči?

4. Čigavo kremo za sončenje da ženska pripovedovalcu?

5. O čem pripovedovalec sanja?

6. Zakaj je kopanje v morju za pripovedovalca tako posebno?

7.Kakšen je občutek vode, v kateri plava pripovedovalec?

8. Kaj vidi pripovedovalec, ko pride iz vode?

9. Kaj naredi ženska, ko pripovedovalca namaže s kremo za sončenje?

10. O čem se pripovedovalec in ženska pogovarjata na koncu zgodbe?

Questions de compréhension

1. Où se trouvait le narrateur lorsqu'il a commencé l'histoire ?

2. Que sent le narrateur lorsqu'il ouvre les yeux ?

3. Qu'entend le narrateur lorsqu'il ouvre les yeux ?

4. A qui la femme donne-t-elle de la crème solaire au narrateur ?

5. De quoi le narrateur rêve-t-il ?

6. Pourquoi la baignade dans la mer est-elle si spéciale pour le narrateur ?

7. quelle est la sensation de l'eau dans laquelle nage le narrateur ?

8. Que voit le narrateur quand il sort de l'eau ?

9. Que fait la femme après avoir mis la crème solaire sur le narrateur ?

10. De quoi le narrateur et la femme parlent-ils à la fin de l'histoire ?

Košnja trate

Na poletno **soboto je** deset dopoldne in sonce že neusmiljeno žgečka. Odpravite se v garažo po kosilnico in se počutite, kot da ste **obsojeni na** težko delo. Začneš kositi trato in pri tem paziš, da greš počasi, da ne spregledaš kakšnega mesta. Med košnjo razmišljate o tem, kako dobro je biti zunaj na svežem zraku. Ko začnete potiskati kosilnico sem in tja po trati, s kotičkom **očesa zagledate** soseda. Pomahate mu in ga pozdravite, on pa vam pomaha nazaj.

Po nekaj minutah ste končali in se odpravili do sosedove hiše, da bi z njim na vrtu spili pivo. Dan je **popoln -** ni prevroče, piha nežen vetrič. Sedite v senci drevesa, srkate pivo in klepetate s sosedom. Zaradi takšnih dni cenite poletje. Nato **se odpravite** v notranjost in si privoščite zasluženo pivo. Usedete se na stol na verandi, odprete pločevinko in zadovoljno zavzdihnete. Zvok kosilnice se umakne v ozadje, ko se sprostite v senci in uživate v **miru** tega trenutka. Pivo je po vsem tem napornem delu v vročini še posebej dobrega okusa. Že sem se hotel odpraviti v notranjost, ko sem zaslišal hrup v sosednji hiši.

Zvenelo je, kot da nekdo joka. Prenehal sem kositi in stopil do ograje, ki je ločevala najini dvorišči. Pogledal sem čez in videl sosedo, gospo Johnson, ki je jokala

Tonte de la pelouse

Il est 10 heures du matin, un **samedi d'**été, et le soleil tape déjà sans pitié. Vous vous frayez un chemin jusqu'au garage pour aller chercher la tondeuse à gazon, avec l'impression d'être **condamné** aux travaux forcés. Vous commencez à tondre la pelouse, en veillant à aller doucement pour ne pas manquer d'endroits. Pendant que vous tondez, vous pensez à tout le bien que cela fait d'être dehors à l'air frais. Alors que vous commencez à pousser la tondeuse d'avant en arrière sur la pelouse, vous apercevez votre voisin du coin de l'œil. Vous lui faites signe et lui dites bonjour, et il vous répond.

Après quelques minutes, vous avez terminé, et vous vous rendez chez votre voisin pour prendre une bière avec lui dans le jardin de devant. C'est une journée **parfaite**, il ne fait pas trop chaud et une légère brise souffle. Vous êtes assis à l'ombre de l'arbre, sirotant votre bière et discutant avec votre voisin. Ce sont des jours comme celui-ci qui vous font apprécier l'été. Puis vous rentrez à l'intérieur pour prendre une bière bien méritée. Vous vous installez sur une chaise sous le porche et ouvrez la canette, en poussant un soupir de satisfaction. Le bruit de la tondeuse s'estompe et vous vous détendez à l'ombre, profitant de la **tranquillité**

na gugalnici na verandi. Poklical sem jo, vendar me ni slišala. Splezal sem čez ograjo in prišel do nje. "Gospa Johnsonova, je z vami vse v redu?" Vprašal sem jo.

S solzami v očeh me je pogledala in zmajala z glavo. "Ne, nisem v redu," je rekla. "Včeraj mi je umrl maček." Bila sem šokirana. Nisem vedela, kaj naj rečem. Samo nerodno sem stala in nisem vedela, kaj naj storim. Nazadnje sem ji položila roko na **ramo** in rekla: "Zelo mi je žal, gospa Johnson. Če vam lahko kakor koli pomagam, mi prosim sporočite. " Zmajala je z glavo in rekla: "Ne, nihče **ne more** storiti **ničesar."** Nato je vstala in odšla v svojo hišo. Za trenutek sem stal tam in nisem vedel, kaj naj storim. Nato sem se vrnil h košnji trate. Ko sem končal, si nisem mogel kaj, da ne bi pomislil na gospo Johnson in njeno mačko.

du moment. La bière a un goût extra bon après tout ce dur travail dans la chaleur. J'étais sur le point de rentrer quand j'ai entendu un bruit à côté.

On aurait dit que quelqu'un pleurait. J'ai arrêté de tondre et j'ai marché jusqu'à la clôture qui séparait nos jardins. J'ai jeté un coup d'œil par-dessus et j'ai vu ma voisine, Mme Johnson, pleurer sur sa balançoire sous le porche. Je l'ai appelée, mais elle ne m'a pas entendue. J'ai escaladé la clôture et j'ai marché jusqu'à elle. "Mme Johnson, vous allez bien ?" J'ai demandé. Elle a levé les yeux vers moi, les larmes aux yeux, et a secoué la tête. "Non, je ne vais pas bien", a-t-elle dit. "Mon chat est mort hier." J'étais choquée. Je n'ai pas su quoi dire. Je suis restée là, maladroitement, sans savoir quoi faire. Finalement, j'ai posé ma main sur son **épaule** et j'ai dit : "Je suis vraiment désolée, Mme Johnson. Si je peux faire quelque chose pour vous aider, faites-le moi savoir". "Elle a secoué la tête et a dit : "Non, il **n'y a rien que** personne ne puisse faire". Puis elle s'est levée et est entrée dans sa maison. Je suis resté là un moment, ne sachant pas quoi faire. Puis je suis retourné tondre ma pelouse. En terminant, je n'ai pu m'empêcher de penser à Mme Johnson et à son chat.

Vprašanja za razumevanje

1. Koliko je ura?

2. Kje oseba kosi?

3. Kako se oseba počuti?

4. Zakaj mora oseba kositi počasi?

5. Kakšno je vreme?

6. Kaj počne oseba po košnji?

7. Kaj oseba sliši, preden gre domov?

8. Kdo je z gospo Johnson?

9. Zakaj gospa Johnson joka?

10. kaj oseba reče gospe Johnson?

Questions de compréhension

1. Quelle heure est-il ?

2. Où se trouve la personne qui tond ?

3. Comment la personne se sent-elle ?

4. Pourquoi la personne doit-elle tondre lentement ?

5. Quel est le temps qu'il fait ?

6. Que fait la personne après avoir fauché ?

7. Qu'entend la personne avant de rentrer chez elle ?

8. Qui est avec Mme Johnson ?

9. Pourquoi Mme Johnson pleure-t-elle ?

10. Que dit la personne à Mme Johnson ?

Striženje

Že več tednov sem se nameravala postriči, a sem to vedno odlašala. A ker je bil **božič tik pred vrati,** sem vedela, da tega ne morem več odlašati. Nisem želela priti na božično večerjo svoje družine kot neurejena. Zato sem se zgodaj zjutraj na božič odpravila v salon. Čeprav je bilo zgodaj, je bil salon že poln drugih ljudi, ki **so si za** praznike urejali lase. Postavila sem se v vrsto in čakala, da pridem na vrsto. Končno sem bila na vrsti na stolu. Frizerka, prijazna ženska po imenu Jill, me je vprašala, kaj si želim. "Samo obrezati, nič preveč drastičnega," sem odgovorila. Jill se je lotila dela in mi postrigla lase. Med njenim delom sem se začela sproščati. Dobro se mi je zdelo, da končno skrbim zase. V zadnjem času sem bila tako zaposlena s skrbjo za vse druge, da sem svoje potrebe pustila ob strani. Vendar ne **več**. Od zdaj naprej si bom vzela čas zase.

Ko je Jill končala, sem se pogledala v ogledalo in bila zadovoljna s tem, kar sem videla. Moji lasje so bili videti urejeni in spolirani - kot nalašč za praznična srečanja. **Zahvalila sem se** Jill in si v **mislih** zapisala, da se bom vračala pogosteje. Odslej bom skrbela predvsem zase. Lotila se je striženja mojih las. Pomislila sem, kako hvaležna sem, da sem se končno odločila za striženje.

Se faire couper les cheveux

Cela faisait des semaines que je voulais me faire couper les cheveux, mais j'arrivais toujours à remettre ça à plus tard. Mais à l'approche de **Noël, je** savais que je ne pouvais plus attendre. Je ne voulais pas me présenter au dîner de Noël de ma famille avec une coiffure débraillée. Alors, tôt le matin de Noël, je me suis rendue au salon. Même s'il était tôt, le salon était déjà occupé par d'autres personnes qui **se faisaient** coiffer pour les fêtes. J'ai pris ma place dans la file d'attente et j'ai attendu mon tour. Enfin, c'était mon tour sur la chaise. La styliste, une femme sympathique nommée Jill, m'a demandé ce que je voulais. "Juste une coupe, rien de trop radical", ai-je répondu. Jill s'est mise au travail, coupant mes cheveux. Pendant qu'elle travaillait, j'ai commencé à me détendre. C'était bon de prendre enfin soin de moi. J'avais été tellement occupé ces derniers temps, à courir partout pour m'occuper de tout le monde, que j'avais laissé mes propres besoins de côté. Mais plus **maintenant**. A partir de maintenant, j'allais prendre du temps pour moi.

Lorsque Jill a terminé, je me suis regardée dans le miroir et j'étais ravie de ce que je voyais. Mes cheveux étaient soignés et polis, parfaits pour les fêtes de fin d'année. J'ai **remercié** Jill et j'ai noté **mentalement** de

Dobro sem se počutila, ko sem vedela, da bom za božično **večerjo** videti lepo. Ne bo mi več treba skrbeti, da se mi bo družina norčevala iz mojega "neurejenega" videza. Po nekaj minutah je frizer končal s striženjem in me na hitro posušil. Pogledala sem se v ogledalo in bila zadovoljna s svojim videzom - čisto pristrižen videz, ki bo popoln za božično večerjo. Zdaj, ko je bilo striženje končano, sem se lahko osredotočila na uživanje v prazničnih dneh z družino. Za to sem bila še bolj hvaležna.

Počutila sem se tako **osvobajajoče in** všeč mi je bilo, kako je bila videti moja nova pričeska. Ko sem plačala striženje, sem odšla domov in začela pakirati za potovanje. **Komaj** sem čakala, da svoj novi videz pokažem družini in prijateljem. Vedela sem, da bodo presenečeni, ko me bodo videli. Na dan poleta sem na letališče prispela z veliko časa na zalogi. Brez težav sem opravila varnostni pregled in kmalu sem bila na poti. Ko sem prispela na cilj, sem začutila vznemirjenje v zraku. Božič je bil zagotovo v zraku! Na letališču me je pričakala moja družina, ki je bila navdušena nad mojo novo pričesko.

revenir plus souvent. À partir de maintenant, je prendrai soin de moi d'abord et avant tout. Elle s'est mise au travail en coupant mes cheveux. J'ai pensé à combien j'étais reconnaissante d'avoir enfin pris le temps de me faire couper les cheveux. Je me sentais bien de savoir que j'allais être présentable pour le **repas de** Noël. Je n'aurais plus à m'inquiéter des taquineries de ma famille sur mon apparence "débraillée". Après quelques minutes, le coiffeur a fini de me couper les cheveux et m'a fait un rapide brushing. Je me suis regardé dans le miroir et j'étais heureux de ce que je voyais - un look propre qui serait parfait pour le dîner de Noël. Maintenant que ma coupe de cheveux était terminée, je pouvais me concentrer sur les vacances avec ma famille. Et j'en étais encore plus reconnaissante.

Je me suis sentie tellement **libérée** et j'ai adoré le look de ma nouvelle coupe de cheveux. Après avoir payé ma coupe, je suis rentrée chez moi et j'ai commencé à faire mes bagages pour mon voyage. J'**avais hâte** de montrer mon nouveau look à ma famille et à mes amis. Je savais qu'ils seraient surpris en me voyant. Le jour de mon vol, je suis arrivée à l'aéroport avec beaucoup de temps devant moi. J'ai passé le contrôle de sécurité sans problème et j'ai rapidement pris la route. Dès que je suis arrivé à destination, j'ai senti l'excitation dans l'air. Il y avait vraiment de l'air pour Noël ! Ma famille était là pour m'accueillir à l'aéroport, et ils étaient tous étonnés de ma nouvelle coupe de cheveux.

Vprašanja za razumevanje

1. Kaj mora glavni junak storiti pred božičem?

2. Kako se je protagonistka počutila, ko je skrbela zase?

3. Kdo je glavnemu junaku postrigel lase?

4. Zakaj se je protagonistkina družina želela norčevati iz nje?

5. Kako se je glavna junakinja počutila po striženju?

6. Kaj je storila glavna junakinja, ko se je ostrigla?

7. Kakšen je bil odziv protagonistkine družine na njeno striženje?

8. Kaj je glavni junak počel na božični večer?

9. Zaradi česa je bila protagonistova izkušnja bolj posebna?

10. Kaj bi se zgodilo, če se glavni junak ne bi ostrigel?

Questions de compréhension

1. Que devait faire le protagoniste avant Noël ?

2. Que pense la protagoniste du fait de prendre soin d'elle ?

3. Qui a taillé les cheveux du protagoniste ?

4. Pourquoi la famille de la protagoniste allait-elle se moquer d'elle ?

5. Qu'a ressenti la protagoniste après s'être fait couper les cheveux ?

6. Qu'a fait la protagoniste après s'être fait couper les cheveux ?

7. Quelle a été la réaction de la famille de la protagoniste à sa coupe de cheveux ?

8. Qu'a fait le protagoniste la veille de Noël ?

9. Qu'est-ce qui a rendu l'expérience du protagoniste plus spéciale ?

10. Que se passerait-il si le protagoniste ne se faisait pas couper les cheveux ?

Park

Sonce je zahajalo in park je bil prazen. Sedel sem na klopi in čakal na **prijatelja**. Srečanje sva načrtovali že pred eno uro, vendar je vedno zamujala. Ko sem že hotela obupati in oditi domov, sem jo zagledala, kako teče proti meni.

"Tako mi je žal," je vzdihovala, ko je prišla do klopi. "Moj vlak je imel **zamudo.**"

"Vse je v redu," sem **odpustila**. "Pravkar sem prišla sem."

Nekaj časa smo se usedli in klepetali ter se seznanjali z življenjem drug drugega od našega zadnjega srečanja. Pogovor je tekel z **lahkoto in** zdelo se je, kot da od zadnjega srečanja sploh ni minilo veliko časa. Ob sončnem zahodu sva se poslovila in odšla vsak svojo pot. Naslednjič sva se srečala v drugem parku. Tudi tokrat je zamujala, vendar me to ni motilo. Lepo se je bilo pogovarjati z nekom, ki me je **razumel.** Pogovarjala sva se o najinih sanjah in **željah, o** stvareh, ki sva jih želela početi v življenju. Povedala mi je, da namerava potovati po svetu, jaz pa sem ji zaupal svoje sanje, da bi postal pisatelj. Ko je sonce zašlo v drugi dan, sva se še enkrat poslovila in si obljubila, da bova tokrat ostala v stiku.

Leta so minevala in najino **prijateljstvo** je ostalo trdno,

Le parc

Le soleil se couchait, et le parc était vide. Je me suis assise sur un banc, attendant mon **amie**. Nous avions prévu de nous retrouver ici il y a une heure, mais elle était toujours en retard. Au moment où j'allais abandonner et rentrer chez moi, je l'ai vue courir vers moi. "Je suis vraiment désolée", a-t-elle haleté en atteignant le banc. "Mon train a été **retardé**." "C'est bon", ai-je dit **avec indulgence**. "Je viens juste d'arriver." Nous nous sommes assis et avons bavardé pendant un certain temps, prenant des nouvelles de la vie de chacun depuis notre dernière rencontre. La conversation était fluide **et nous avions** l'impression que le temps n'avait pas passé depuis notre dernière rencontre. Au coucher du soleil, nous nous sommes dit au revoir et avons pris des chemins différents. La fois suivante, c'était dans un autre parc. Encore une fois, elle était en retard, mais ça ne m'a pas dérangé. C'était agréable d'avoir quelqu'un à qui parler et qui me **comprenait**. Nous avons parlé de nos rêves et de nos **aspirations**, des choses que nous voulions faire de nos vies. Elle m'a parlé de son projet de voyager dans le monde entier, et j'ai partagé mon rêve de devenir écrivain. Alors que le soleil se couchait sur un autre jour, nous nous sommes dit au revoir une fois de plus, en promettant de rester en contact cette fois-ci.

čeprav sva zdaj živela na različnih koncih države. V stikih sva ostala prek pisem in občasnih telefonskih klicev ter drug z drugim delila novice iz najinega življenja. Ko je naznanila, da se bo poročila, me ni **presenetilo -** vedno je bila **pustolovski** tip. Toda ko me je vprašala, ali bi bila njena poročna priča na poročni slovesnosti, ki je potekala na drugem koncu sveta od kraja, kjer sem živela ... to me je moralo prepričati! Na koncu pa nisem mogla dovoliti, da bi se moja najboljša prijateljica poročila, ne da bi ji stala ob strani, zato sem kljub strahu (in po njenem velikem prepričevanju!) **privolila, da se** udeležim **dogodivščine, ki se je izkazala za** življenjsko **pustolovščino.**

Končno je prišel dan **poroke.** Bila sem živčna, vendar navdušena, da bom lahko sodelovala pri tako pomembnem trenutku v življenju moje prijateljice. Obred je bil čudovit in videti je bila srečna, ko je izrekla svoje zaobljube. **Po poroki** smo praznovali z veliko zabavo - zdelo se je, da so vsi, ki jih je poznala, prišli praznovat z njo! To je bil **čaroben** dan, ki ga ne bom nikoli pozabila, najino prijateljstvo pa se je po tej dogodivščini le še okrepilo. Zdaj, leta pozneje, sva še vedno v stikih. Odkar sva se prvič srečala, sva **se** oba zelo **spremenila,** vendar je najino prijateljstvo tako močno kot vedno.

Les années ont passé, et notre **amitié** est restée forte, même si nous vivions désormais dans des régions différentes du pays. Nous sommes restés en contact par des lettres et des appels téléphoniques occasionnels, partageant les nouvelles de nos vies respectives. Lorsqu'elle a annoncé qu'elle allait se marier, je n'ai pas été **surpris** - elle avait toujours été du genre **aventureux**. Mais lorsqu'elle m'a demandé si j'accepterais d'être sa demoiselle d'honneur à la cérémonie de son mariage qui se déroulait à l'autre bout du monde, loin de chez moi... il a fallu la convaincre ! En fin de compte, je ne pouvais pas laisser ma meilleure amie se marier sans moi à ses côtés, alors malgré mes craintes (et après qu'elle m'ait beaucoup suppliée !), j'ai **accepté de participer à** ce qui s'est avéré être l'**aventure** de ma vie.

Le jour du **mariage** est enfin arrivé. J'étais nerveux, mais excité de faire partie d'un moment si important dans la vie de mon amie. La cérémonie était magnifique, et elle avait l'air heureuse en prononçant ses vœux. **Ensuite,** nous avons fait une grande fête - on aurait dit que tous ses proches étaient venus célébrer avec elle ! C'était un jour **magique** que je n'oublierai jamais, et notre amitié n'a fait que se renforcer après cette aventure. Aujourd'hui, des années plus tard, nous restons toujours en contact. Nous avons toutes deux beaucoup **changé** depuis notre première rencontre, mais notre amitié est plus forte que jamais.

Vprašanja za razumevanje

1. Kje sta se avtorica in njena prijateljica prvič srečali?

2. Zakaj je avtorjev prijatelj zamudil na njun sestanek?

3. O čem sta se prijatelja pogovarjala, ko sta se po letih ponovno srečala?

4. Kako se je avtorica počutila, ko se je udeležila prijateljičine poroke?

5. Opišite okolje poročnega obreda.

6. Kako se je sčasoma spremenilo prijateljstvo med ženskama?

7. Kakšne so avtorjeve sanje?

8. Kam namerava avtorjev prijatelj odpotovati?

9. Zakaj se je avtorica obotavljala, da se bo udeležila prijateljičine poroke?

Questions de compréhension

1. Où l'auteur et son ami se sont-ils rencontrés pour la première fois ?

2. Pourquoi l'ami de l'auteur était-il en retard à leur réunion ?

3. De quoi les amis ont-ils parlé lorsqu'ils se sont retrouvés des années plus tard ?

4. Qu'a ressenti l'auteur en assistant à la cérémonie de mariage de son amie ?

5. Décrivez le cadre de la cérémonie de mariage.

6. Comment l'amitié entre les deux femmes a-t-elle évolué au fil du temps ?

7. Quel est le rêve de l'auteur ?

8. Où l'ami de l'auteur prévoit-il de voyager ?

9. Pourquoi l'auteur a-t-elle hésité à assister à la cérémonie de mariage de son amie ?